Espiritismo e Política

Aylton Paiva

Espiritismo e Política
Contribuições para a evolução do ser e da sociedade

Copyright © 2014 *by*
FEDERAÇÃO ESPÍRITA BRASILEIRA – FEB

1ª edição – 1ª impressão – 5 mil exemplares – 9/2014

ISBN 978-85-7328-915-2

Todos os direitos reservados. Nenhuma parte desta publicação pode ser reproduzida, armazenada ou transmitida, total ou parcialmente, por quaisquer métodos ou processos, sem autorização do detentor do *copyright*.

FEDERAÇÃO ESPÍRITA BRASILEIRA – FEB
Av. L2 Norte – Q. 603 – Conjunto F (SGAN)
70830-106 – Brasília (DF) – Brasil
www.febeditora.com.br
editorial@febnet.org.br
+55 61 2101 6198

Pedidos de livros à FEB
Gerência comercial – Rio de Janeiro
Tel.: (21) 3570 8973/ comercialrio@febnet.org.br
Gerência comercial – São Paulo
Tel.: (11) 2372 7033/ comercialsp@febnet.org.br
Livraria – Brasília
Tel.: (61) 2101 6161/ falelivraria@febnet.org.br

Texto revisado conforme o Novo Acordo Ortográfico.

Dados Internacionais de Catalogação na Publicação (CIP)
(Federação Espírita Brasileira – Biblioteca de Obras Raras)

P149e   Paiva, Aylton Guido Coimbra

           Espiritismo e política: contribuições para a evolução do ser e da sociedade / Aylton Paiva. – 1. ed. 1. imp. – Brasília: FEB, 2014.

           125 p.; 23 cm

           ISBN 978-85-7328-915-2

           1. Espiritismo – Sociedades – Política. 2. Espiritismo. I. Federação Espírita Brasileira. II. Título.

                                                    CDD 133.9
                                                    CDU 133.7
                                                    CDE 60.00.00

MEUS AGRADECIMENTOS A

Maria Eny Rossetini Paiva, amada esposa, pelas apreciações e sugestões doutrinárias.

Karen e Fabiano, queridos filhos, pela compreensão que tiveram ao lhes tirar momentos de convívio para que este filho também pudesse nascer.

Todos aqueles que acreditam no Espiritismo como uma Doutrina de libertação e crescimento espiritual e estão preocupados com a aplicação de seus princípios na sociedade humana.

Sumário

Apresentação 9

Prefácio 13

Capítulo 1
Espiritismo e Política 15

Capítulo 2
Adoração a Deus como forma de participação
do homem na sociedade 23

Capítulo 3
O trabalho segundo o Espiritismo 31

Capítulo 4
Entendimento espírita sobre a reprodução 39

Capítulo 5
A conservação sob análise espírita 47

Capítulo 6
O enfoque espírita da destruição 55

Capítulo 7
A sociedade na perspectiva espírita 61

Capítulo 8
A conceituação do progresso na Doutrina Espírita 67

CAPÍTULO 9
Espiritismo e igualdade 75

CAPÍTULO 10
Espiritismo e liberdade 83

CAPÍTULO 11
A justiça, o amor e a caridade na filosofia espírita 89

CAPÍTULO 12
O aprimoramento do ser humano na ética espírita 97

CAPÍTULO 13
A ação social espírita 105

CAPÍTULO 14
Participação política do espírita 113

CAPÍTULO 15
Paradigma para o exercício da cidadania 119

Referências 125

APRESENTAÇÃO

A obra *Espiritismo e política: contribuições para a evolução do ser e da sociedade* representa mais um esforço de Aylton Guido Coimbra Paiva para conscientizar o leitor quanto à real e crescente oportunidade de influência da Doutrina Espírita sobre a ordem social. O texto está em concordância com os princípios fundamentais de nossa Doutrina. Constitui uma efetiva contribuição para o estudo, a prática e a divulgação do Espiritismo. A originalidade da obra está amparada pela publicação, em 1982, do livro do mesmo autor intitulado *Espiritismo e política*, DICESP — Divulgação Cultural Espírita S/C Editora. A linguagem utilizada é bastante simples e clara, ao alcance da generalidade dos leitores que buscam as obras espíritas.

O autor procura demonstrar que, "sob o aspecto filosófico, o Espiritismo tem muito a ver com a Política, já que esta deve ser a arte de administrar a sociedade de forma justa". Segundo ele, a proposição espírita da lei do progresso é um intenso e profundo desafio para que trabalhemos pela evolução intelectual e moral da humanidade. Com tal objetivo, o espírita deve estimular a sociedade humana a fim de que haja hábitos espiritualizados, desenvolvimento da inteligência e elaboração de leis justas, em benefício de todos.

Existe, pois, uma inequívoca contribuição política que o Espiritismo oferece à sociedade, a fim de que se estruture, se organize e trabalhe alicerçada na verdade, na justiça e no amor.

Não se trata de estimular o leitor a participar da política partidária, nem também de afirmar que o espírita deve ou não deve participar, como membro atuante, de uma organização política. Trata-se, simplesmente, de reconhecer o direito de que, como membro de uma sociedade, o espírita escolha, livremente, a sua contribuição para que as relações humanas sejam, progressivamente, melhoradas no sentido da paz, da justiça e do amor fraternal.

Permitimo-nos recordar que reconhecidos trabalhadores do movimento espírita desempenharam, com méritos, atividades políticas junto aos poderes públicos. Citaremos apenas três deles:

1. Cairbar Schutel – Conhecido como o "Bandeirante do Espiritismo", fundador da *Revista Internacional de Espiritismo* – RIE (1925), do jornal *O Clarim* (1905) e da editora do mesmo nome. Na inauguração do seu Memorial ocorrida em 13 de novembro de 2013, foi feita referência aos documentos que mostram o trabalho político/social desenvolvido na cidade de Matão, da qual foi seu primeiro prefeito. Como um dos pioneiros do Movimento Espírita no Brasil, Cairbar Schutel afirma, em publicação da *RIE*, em 1929, que "Em Política, em Ciência e em Religião, só há um norte a seguir, a verdade".

2. José de Freitas Nobre – Advogado e jornalista nascido em Fortaleza. Em São Paulo, foi vereador, vice-prefeito e eleito deputado federal, exemplificando, na Política, honestidade e retidão de caráter. Publicou três livros espíritas e foi fundador e editor durante vinte e seis anos da *Folha Espírita*, jornal que circula até nossos dias.

3. Adolfo Bezerra de Menezes – Conhecido como o "Médico dos pobres" e como o "Kardec brasileiro", foi Presidente da Federação Espírita Brasileira em 1889 e de 1895 a 1900. Conheceu o Espiritismo em 1875. Nessa época já havia iniciado sua trajetória política, que se estendeu até 1885. Cargos ocupados: Vereador, Presidente da Câmara Municipal da Corte e Deputado Geral, tendo sempre agido em favor da justiça e da honestidade. Citado por Freitas Nobre em 1981, Bezerra

de Menezes teria afirmado: "Para nós, a Política é a ciência de criar o bem de todos, e nesse princípio nos firmaremos".

Apoiado na moral evangélica e sem comprometer-se com legendas ou organizações partidárias, o Movimento Espírita pode contribuir, no campo das ideias, para a solução dos problemas políticos e sociais que surgem, naturalmente, no processo da evolução planetária.

Seria oportuno, neste momento, recordar a afirmação de Kardec no capítulo XVIII, item 25, d'*A gênese*, obra editada em 1868:

> O Espiritismo não cria a renovação social; a madureza da humanidade é que fará dessa renovação uma necessidade. Pelo seu poder moralizador, por suas tendências progressistas, pela amplitude de suas vistas, pela generalidade das questões que abrange, o Espiritismo é mais apto do que qualquer outra doutrina, a secundar o movimento de regeneração, por isso, é ele contemporâneo desse movimento.

Aylton Paiva apoia-se, como dissemos no início desta apresentação, nos fundamentos da Doutrina Espírita, quando enfatiza que a participação do espírita no processo político, social, cultural e econômico deve ser consciente e responsável, tendo como diretrizes os princípios e normas contidos n'*O livro dos espíritos*.

ORLANDO AYRTON DE TOLEDO

Prefácio

Espiritismo e política: contribuições para a evolução do ser e da sociedade propõe-nos reflexões com a visão espiritual da evolução do ser e da sociedade.

É um livro para ser estudado e refletido, comparando-se com o capítulo d'*O livro dos espíritos* a que se refere e isto poderá ser feito individualmente ou em grupos de pessoas interessadas.

Também, após cada capítulo, colocamos algumas questões para reflexão e ação. Após responder oralmente ou por escrito, o leitor poderá voltar a ler o texto para verificar se as ideias expostas nas respostas são iguais ou semelhantes ao texto. E ainda, o leitor poderá formular não somente suas próprias questões para refletir, como também, formas de agir de maneira a dar sua contribuição para o aperfeiçoamento da sociedade, com fundamento na filosofia espírita.

Não podemos esquecer a exortação do Espírito de Verdade: "Espíritas amai-vos e instruí-vos".

1
Espiritismo e Política

Em que consiste a missão dos Espíritos encarnados?

Em instruir os homens, em lhes auxiliar o progresso; em lhes melhorar as instituições, por meios diversos e materiais [...].

(KARDEC, 2013a, q. 573, p. 275.)

Haverá alguma relação entre Espiritismo e Política?

Esta é uma pergunta que em muitos lugares temos lido e para a qual há sempre uma resposta negativa: Espiritismo nada tem a ver com Política. No entanto, tais respostas apressadas e, muitas vezes, vazadas em preocupante tom de que seja até "um pecado", são frutos de desinformação e de preconceitos consagrados.

Sob o *aspecto filosófico*, o Espiritismo tem a ver e muito com a Política, já que esta deve ser *a arte de administrar a sociedade de forma justa*.

Em sua obra básica, *O livro dos espíritos*, o Espiritismo consagra 405 questões, ou seja, da pergunta nº 614 à 1019, para tratar das Leis de *Adoração, Trabalho, Reprodução, Conservação, Destruição, Sociedade, Progresso, Igualdade, Liberdade, e Justiça, Amor e Caridade, da Perfeição, das Esperanças e Consolações*. Tais questões envolvem, portanto, o homem no seu relacionamento com o Criador da vida, com o *planeta* em que vive, com seus semelhantes, com as sociedades de que participa. Logo, sob o aspecto filosófico, o Espiritismo apresenta normas políticas.

O que não se deve, nem se pode é confundir essa visão de política partidária, ou seja, a política aplicada que os homens devem exercitar nos núcleos, nas agremiações partidárias, com os desvios éticos de pessoas e partidos políticos para aproveitamentos egoísticos, imorais e ilegais.

Tais partidos são resultantes de ideologias, de objetivos, de programas, de estatutos estabelecidos em agrupamentos de determinados homens que visam, de uma forma ou de outra, realizar *normas políticas ideais*, ou seja, pretendem a execução na *sociedade* dos princípios, das normas apresentadas filosoficamente pela Política.

Assim, jamais o Espiritismo, como Doutrina, e o Movimento Espírita, como prática, poderão dar guarida a um partido político em seu seio, por exemplo: Partido Social Espírita, Partido Espírita Cristão, etc.

Porém, as implicações dos princípios e normas políticas contidas na Terceira Parte — *Das Leis Morais* — d'*O livro dos espíritos,* ditado pelos Espíritos e organizado por Allan Kardec, são muito amplas e profundas na sociedade humana.

Por isso, o espírita deve ser consciente e lúcido na compreensão dessas normas e princípios, a fim de que sua participação na sociedade seja consentânea com tal visão política, que, necessariamente, impõe exercitar a justiça, o amor e a caridade.

Esse entendimento é necessário ao espírita, pois, conscientemente ou não, ele tem uma prática política, considerando-se que a própria participação na sociedade é uma participação política.

O homem, por sua natureza, é um ser social: associa-se aos seus semelhantes para criar os bens necessários ao seu desenvolvimento.

Entre esses bens, alguns lhes são garantidos pelo agrupamento doméstico, outros são colocados em disponibilidade por outras instituições, também por ele criadas, a fim de satisfazerem suas necessidades de natureza social, econômica, cultural e religiosa, como a escola, a empresa, o clube, a igreja, etc.

Daí a afirmação de Aristóteles: "O homem é um animal político".

O Espiritismo demonstra, também, em sua obra básica já citada, a necessidade da participação do homem na sociedade, pois o homem tem que progredir, e isolado ele não tem condições disso, já que seu progresso depende dos bens que lhe são oferecidos pela família, pela escola, pela religião e demais agências sociais. Por isso os homens dependem uns dos outros, foram criados para viver em sociedade e não isolados.

Assim, as pessoas, as famílias e as instituições sociais necessitam da paz baseada na justiça, na ordem e na segurança e de condições para a realização do bem comum. Para tanto, os homens associam-se em entidades mais amplas, gerando a sociedade política, personificada no Estado que, dessa forma, se torna o responsável pelo *bem de todas as pessoas.*

Ação espírita e Política

Para progredir, o homem precisa da sociedade. O progresso não é o mesmo para todos, então os mais adiantados devem ajudar o progresso dos outros por meio do contato social.

Esse auxílio, essa participação é uma *ação política*, embora possa não ser (e na maioria das vezes não o é) uma ação político-partidária. Para o espírita, essa ação política deve ser sempre inspirada nos princípios expressos pelo aspecto filosófico do Espiritismo, que levam a amar e, nesse caso, amar é desejar o bem. Logo, a exteriorização política do amor é a expressão do querer bem e do agir para o bem de todos.

Alerta-nos o Espiritismo que o progresso intelectual realizado até o presente, em larga escala, é um grande avanço e assinala uma primeira fase de desenvolvimento da humanidade, sendo impotente, porém, para regenerá-la. Enquanto o homem estiver dominado pelo orgulho e pelo egoísmo, ele utilizará sua inteligência e seus conhecimentos para satisfazer suas paixões e seus interesses pessoais, não se importando em prejudicar seu semelhante e até mesmo destruí-lo.

Somente quando, por meio do progresso moral, o homem dominar o orgulho e o egoísmo, ele conseguirá ampliar sua felicidade na Terra, podendo, então, desfrutar da paz e da fraternidade.

Isso só será possível quando os homens considerarem que, como irmãos, devem-se auxiliar mutuamente e não o forte e poderoso explorar e viver à custa do mais fraco (KARDEC, 2013b, p. 366).

Na mesma obra (cap. XVIII, it. 28, p. 369), Allan Kardec revela os caracteres daqueles que devem participar da estruturação de uma sociedade justa e amorosa:

> Cabendo-lhe fundar a era do progresso moral, a nova geração se distingue por inteligência e razão geralmente precoces, juntas ao sentimento inato do bem e à crença espiritualista, o que constitui sinal indubitável de certo grau de adiantamento *anterior*. Não se comporá exclusivamente de Espíritos eminentemente superiores, mas dos que, já tendo progredido, se acham *predispostos a assimilar*

> *todas as ideias progressistas e aptos a secundar o movimento de regeneração* (grifo nosso).

Consequentemente, a ação política dos bons é um imperativo na hora atual. O Espiritismo apresenta conceitos claros e precisos para sua atuação.

> A nova geração marchará, pois, para a realização de todas as ideias humanitárias compatíveis com o grau de adiantamento a que houver chegado. Avançando para o mesmo alvo e realizando seus objetivos, o Espiritismo se encontrará com ela no mesmo terreno. Aos homens progressistas se deparará nas ideias espíritas poderosa alavanca e o Espiritismo achará, nos novos homens, espíritos inteiramente dispostos a acolhê-lo (KARDEC, 2013b, cap. XVIII, it. 24, p. 368).

> O Espiritismo não cria a renovação social; a madureza da humanidade é que fará dessa renovação uma necessidade. *Pelo seu poder moralizador, por suas tendências progressistas pela amplitude de suas vidas, pelas generalidades das questões que abrange, o Espiritismo é mais apto do que qualquer outra doutrina a secundar o movimento de regeneração;* por isso, é ele contemporâneo desse movimento. Surgiu na hora em que podia ser de utilidade, visto que também para ele os tempos são chegados (KARDEC, 2013b, cap. XVIII, it. 25, p. 368, grifo nosso).

Da análise dos conceitos expostos surge clara a estimulação do Espiritismo à participação no processo político, social, cultural, econômico, de modo a secundar o movimento de regeneração da sociedade humana em bases de justiça e amor.

Para tal ação é imprescindível que se tome conhecimento dos princípios e normas da Doutrina Social Espírita, contida n'*O livro dos espíritos* em sua Terceira Parte.

* * *

REFLEXÃO

1. *O Espiritismo e a Política nada têm a ver um com o outro. Você concorda?*
2. *Qual a contribuição que o Espiritismo pode oferecer à Política?*
3. *Cabe ao Espiritismo promover a renovação social? Qual o seu papel?*
4. *Usando o conhecimento sobre a Doutrina Espírita, como você o aplica para analisar a sociedade e suas instituições a fim de agir com mais eficiência para o exercício da justiça e do amor?*
5. *Juntamente com a sua reforma íntima, você está agindo para melhorar a sociedade? Como?*

Aos homens progressistas se deparará nas ideias espíritas poderosa alavanca e o Espiritismo achará, nos novos homens, Espíritos inteiramente dispostos a acolhê-lo (KARDEC, 2013b, cap. XVIII, it. 24, p. 368).

2
ADORAÇÃO A DEUS COMO FORMA DE PARTICIPAÇÃO DO HOMEM NA SOCIEDADE

Tem Deus preferências pelos que o adoram desta ou daquela maneira?
Deus prefere os que o adoram do fundo do coração, com sinceridade, fazendo o bem e evitando o mal, aos que julgam honrá-lo com cerimônias que os não tornam melhores para com os seus semelhantes.

(KARDEC, 2013a, q. 654, p. 306, grifo nosso.)

De conformidade com o conceito espírita de adoração, anteriormente citado, Deus prefere os que o adoram do fundo do coração, com sinceridade, *fazendo o bem e evitando o mal*, aos que julgam honrá-lo com cerimônias que não os tornam melhores para com seus semelhantes.

Para se fazer o bem e evitar o mal é necessário que o homem seja participante da sociedade em que vive, concretizando ações que preservem os próprios direitos naturais, como, também, dentro de suas possibilidades, defenda os direitos naturais de seu semelhante.

Obviamente de nada vale a adoração exterior manifestada em rituais e posturas falsas, se o comportamento da pessoa motiva-se pelo egoísmo, orgulho, vaidade e prepotência.

A adoração a Deus, no conceito espírita, tem uma ação política dentro da sociedade, ou de forma mais ampla, no planeta em que se vive: *fazer o bem e evitar o mal.*

Para fazer o bem e evitar o mal é necessário procurar extinguir o orgulho, a inveja, o egoísmo, a vaidade e a prepotência, não só de si mesmo, como também das instituições e grupos sociais.

Tal conceito de adoração a Deus leva não só à reforma íntima, ou seja, à autoeducação, como à *reforma* da sociedade em seus padrões de egoísmo e orgulho, em nome dos quais se justificam as desigualdades e as injustiças.

O Espiritismo não apresenta um conceito de adoração fundamentado na submissão passiva e medrosa ao Criador.

Há religiões que se constituem em instrumentos dos poderosos do mundo para manipulação das massas, de conformidade com seus interesses pessoais ou dos grupos a que pertencem.

A submissão é de suma importância para tais religiões e o maior "pecado" é a desobediência.

Esse tipo de religião destaca e insiste na fraqueza e impotência do homem, diante do seu Criador. Ao mesmo tempo, revela a importância e a necessidade de seres intermediários (sacerdotes e ministros) entre ele e o Criador, fundamentando, assim, toda força e poder da classe sacerdotal. Esta, então, alegando poder divino, poderá manipular a massa como bem entender: em benefício de si própria ou dos poderosos a que geralmente se liga.

O posicionamento de submissão cria no homem a dependência total à autoridade, renunciando à sua capacidade de *amar e raciocinar*.

Essa atitude psicológica pode ser transferida, e geralmente o é, para a submissão absoluta ao Estado, ao partido, à "raça superior", ao "povo eleito". A felicidade pessoal é sacrificada a ideais, como a vida eterna, a vida espiritual, o futuro da espécie humana, o estado socialista ideal.

As ideias passam a ser fins em si mesmas e não meios para o homem ser feliz. Os fins justificam, para essas pessoas, todos os meios, e em nome desses fins, as elites religiosas ou governamentais manobram os que a elas se submetem.

O Espiritismo ajuda na compreensão das limitações humanas e na proteção divina, nunca apelando a uma submissão castradora, de inibição às potencialidades humanas. Pelo contrário, demonstra que a oração, ao aproximar a criatura do Criador, constitui-se numa possibilidade de estudo de si mesma. As boas ações são as melhores preces, por isso valem os atos mais que a palavra de pessoas cujos atos as desdizem.

Ser religioso significa principalmente entender a si e ao seu semelhante, amando-o e amando-se (*ama o teu próximo como a ti mesmo*).

Segundo o Espiritismo, o valor de uma religião, Filosofia ou seita, está em promover o crescimento, a força, a liberdade, àqueles que a seguem ou professam.

Se uma religião por intermédio de seus conceitos inibe a razão e o amor em suas diferentes formas e expressões, revelando, apenas, aspectos tristes da vida, conduzindo o homem ao desprezo de si mesmo, impondo uma contemplação improdutiva, não tem valor (KARDEC, 2013a, q. 657, p. 307). Para o Espiritismo, não fazer o bem já é um mal, pois o ser humano se realiza quando é produtivo no bem.

Capítulo 2 – Adoração a Deus como forma de participação do homem na sociedade

N'*O livro dos espíritos,* Allan Kardec insiste quanto à melhor forma de agradar a Deus e os Espíritos indicam que isso se faz pela ação no bem, pela produtividade no amor ao semelhante. Mesmo o ato exterior de adoração, revela a atitude psicológica que o determina, demonstrando a diferença entre a adoração autêntica e a hipocrisia, o agir de forma egoística e a ação motivada pelo amor.

Também lembram os Espíritos que a extensão da prece ou a sua frequência de nada valem se a pessoa apresenta um mau caráter, se é ociosa, invejosa, impertinente, sem benevolência e indulgência e até viciada. Dizem os Espíritos que o necessário não é orar muito, mas orar bem. Não adianta fazer da prece uma forma de preencher tempo vazio, ao invés de fazer dela uma forma de *estudo de si mesmo* (KARDEC, 2013a, p. 308).

O espírita, pois, não deve temer a autoanálise, nem a crítica, porque sabe que a melhor maneira de se aperfeiçoar é conhecer-se a si mesmo; que, quando erra, não ofende a Deus, apenas produz *reações de efeitos corretivos* em si mesmo, enquanto esse erro não for contrabalançado pela sua ação no bem no mesmo campo. Portanto, por seus erros, o homem não é um pobre pecador, fraco e desprezível; é, na verdade, um ser que ainda está aprendendo a viver harmoniosamente com as leis do amor e desenvolvendo progressivamente sua razão.

Por isso, o conceito espírita de adoração infunde um profundo respeito pela vida, uma permanente indagação sobre o universo e o homem, um intrínseco amor pelo semelhante. Estimula sempre o aperfeiçoamento e o progresso da pessoa e da sociedade, por meio da solidariedade.

Consequentemente, no conceito de adoração a Deus expresso pelo Espiritismo, há todo um comprometimento de participação na sociedade, reiteradamente manifestado pelos Espíritos a Allan Kardec.

Assim, vemos claramente tal ligação: Deus, homem e sociedade na questão 657 d'*O livro dos espíritos*:

> Têm, perante Deus, algum mérito os que se consagram à vida contemplativa, uma vez que nenhum mal fazem e só em Deus pensam?
> "Não, porquanto, se é certo que não fazem o mal, também o é que não fazem o bem e são inúteis. Demais, *não fazer o bem já é um mal.* Deus

quer que o homem pense nele, mas não quer que só nele pense, pois que lhe *impôs deveres* a cumprir na Terra. Quem passa todo o tempo na meditação e na contemplação nada faz de meritório aos olhos de Deus, porque vive uma vida toda pessoal e inútil à humanidade e Deus lhe pedirá contas do bem que não houver feito" (grifo nosso).

Da mesma forma, a atitude comodista e passiva, expressa pela omissão diante dos problemas humanos em estruturas sociais injustas e materialistas é pelos Espíritos reprovada. Pois o comodista, ainda que não pratique o mal, dele se aproveita.

Portanto, o espírita para não ser omisso e assim indiretamente aproveitar-se do mal, deve se esforçar para que o conceito espírita de adoração a Deus seja efetivamente aplicado na sociedade humana, de forma conveniente, oportuna e adequada, em consonância com a própria ética ou moral espírita.

***

REFLEXÃO

1. *Quais as consequências da adoração a Deus conforme a Doutrina Espírita?*
2. *Sob o aspecto psicológico do comportamento, a adoração, de conformidade com o Espiritismo, leva a pessoa a uma posição de submissão?*
3. *Como a pessoa deve fazer da prece um estudo de si mesma, consoante a questão 660 d'O livro dos espíritos?*
4. *Qual o mérito da pessoa que se entrega à vida contemplativa?*
5. *Você está transformando as suas orações em boas ações?*
6. *Considerando seu amor à vida, como você está orando para preservar a vida no planeta?*

> *Deus prefere os que o adoram do fundo do coração, com sinceridade, fazendo o bem e evitando o mal, aos que julgam honrá-lo com cerimônias que os não tornam melhores para com os seus semelhantes* (KARDEC, 2013a, q. 654, p. 306).

3
O TRABALHO SEGUNDO O ESPIRITISMO

Por trabalho só se devem entender as ocupações materiais?
*Não; o Espírito trabalha, assim como o corpo.
Toda ocupação útil é trabalho.*

(KARDEC, 2013a, q. 675, p. 317.)

"O trabalho é lei da natureza, por isso mesmo que constitui uma necessidade, e a civilização obriga o homem a trabalhar mais, porque lhe aumenta as necessidades e os gozos." Assim orientam os Espíritos na questão 674 d'*O livro dos espíritos* (p. 317).

Advertem, ainda, na questão seguinte, da mesma obra que: "[...] o Espírito trabalha, assim como o corpo. *Toda ocupação útil é trabalho*" (grifo nosso). O termo trabalho denomina toda atividade realizada pelo homem, seja intelectual ou manual. Por isso, é trabalho humano toda atividade que o homem tem capacidade de fazer e possui aptidão para isso, conforme sua natureza.

Ensina o Espiritismo que o trabalho se impõe ao homem por ser consequência de sua própria natureza corpórea. Pode ser um instrumento de expiação, mas essencialmente é um meio de desenvolvimento da inteligência. Para satisfazer suas necessidades básicas: alimentação, segurança e bem-estar, o homem tem que trabalhar, o que o impulsiona no progresso intelectual. Portanto, o trabalho é uma forma de profunda participação do homem no mundo em que vive, e, especificamente, na sociedade de que faz parte.

Ao trabalhar o homem cria e, consequentemente, torna-se um agente ativo do supremo Criador; revela-se como um *cocriador dentro da vida*. Independentemente da sua natureza, o trabalho traz em si mesmo a dignidade que deve ser respeitada, jamais servindo de motivo à humilhação ou exploração.

Todas as pessoas, dentro de suas possibilidades, tomam parte na edificação daquilo que se chama civilização. Por intermédio dessa participação é que o homem desenvolve sua inteligência.

Trabalho: desenvolvimento pessoal

É como pessoa e Espírito imortal que o homem está sujeito ao trabalho. O trabalho deve servir, pois, a que o homem possa desenvolver-se intelectual e moralmente.

Essa é a visão espírita do trabalho e também a visão cristã. Constitui postulado da Doutrina Social Espírita, como o é da Doutrina Social Cristã.

O elemento de valorização do trabalho não é o tipo do trabalho humano que se realiza, mas o fato de ser a pessoa que realiza o trabalho com a necessidade de desenvolver suas potencialidades de conhecimento e amor.

Conclui-se, pois, que o trabalho é para o homem e não o homem para o trabalho, afastando assim, moralmente, toda forma de exploração do homem pelo trabalho para satisfazer o interesse econômico. O ser humano jamais poderá ser reduzido a "instrumento de trabalho".

A civilização cria multiplicidades de trabalhos; nenhum deles, porém, poderá servir como meio de exploração do homem com o objetivo do lucro, nem ferir sua dignidade como ser humano. Quando isso acontece, surge a pobreza e a marginalização, evidenciando flagrante injustiça social.

A Doutrina Espírita informa, de forma veemente, tal situação. Esclarece que, todo aquele que tem o poder de mandar é responsável pelo excesso de trabalho que imponha aos que lhe são subordinados, abusando da autoridade e transgredindo as leis de Deus.

Na mesma situação encontra-se aquele que não explora com excesso de trabalho, mas suga as energias do trabalhador com o pagamento irrisório de salários, muitas vezes burlando a própria legislação trabalhista acolhida em todos os países civilizados.

É preciso que se reconheça a participação do homem por meio do trabalho na sociedade, criando o bem comum, aumentando o patrimônio da grande família humana. Por isso, dessa sociedade ele deve participar de maneira justa e criativa, jamais dela podendo ser marginalizado.

A sociedade deve ser organizada de forma a que todos possam trabalhar e os que estão doentes ou impossibilitados ao labor recebam

Capítulo 3 – O trabalho segundo o Espiritismo

dessa mesma sociedade os meios necessários à sua subsistência de maneira justa e digna.

Não adianta dizer ao homem que ele tem o dever de trabalhar; é preciso que a sociedade ofereça-lhe a oportunidade do trabalho, o que nem sempre acontece.

O trabalho é um dos alicerces sobre o qual se levanta o núcleo familiar e para sua constituição, pois este exige as condições de subsistência: habitação, alimentação, vestuário, educação e lazer.

Além disso, o trabalho desenvolve no seio da família uma ação educativa de zelo, respeito, responsabilidade, carinho, enfim de amor.

Observamos que o trabalho é uma obrigação, um dever, mas também fonte de direitos para o trabalhador; direitos esses consagrados, atualmente, pela Declaração dos Direitos Humanos da Organização das Nações Unidas — ONU, em 10 de dezembro de 1948.

É obvio que a sociedade deve propiciar ao homem o direito de trabalhar, bem como educá-lo para que se equilibre entre a produção e o consumo, a fim de que não seja transformado em um instrumento de lucro ou mera engrenagem despersonalizada na máquina de produção estatal.

A dimensão social e espiritual do homem não pode ser inibida quando ele estiver trabalhando. O trabalho é seu instrumento de progresso social e espiritual. É um componente de sua dinâmica evolutiva.

O Espiritismo valoriza o trabalho como uma ação social e espiritual, pois o homem dele participa com seu corpo e alma, não importando seja a atividade chamada manual ou espiritual. Portanto, nenhum homem, em boas condições físicas e mentais, pode ser alijado do trabalho.

Considerando-se o trabalho, é indispensável que se analise também o repouso. O descanso é condição indispensável à recuperação das forças físicas e refazimento das energias mentais.

Portanto, é desumano e só pode resultar de uma sociedade injusta, a necessidade de ter o homem, muitas vezes, mais de um emprego, sem condição de repouso necessário, a fim de prover a própria subsistência e a da família. Assim ele se embrutece e se transforma em um robô de produção agrícola, industrial ou num dente da grande máquina da comercialização.

Atualmente, o Direito do trabalho estabelece a necessidade do descanso, de forma remunerada.

Não pode o espírita transigir a tais princípios, seja como empregador ou como empregado. Qualquer tipo de burla será a negação dos princípios espirituais pelos quais o Espiritismo visualiza o trabalho como indeclinável atividade humana.

Se os Espíritos orientaram que o limite do trabalho é o limite das forças, é óbvio que esse *limite das forças* não está ao arbítrio do empregador ou do doador de trabalho, pois o egoísmo humano teria amplo campo de exploração do homem pelo homem, até a exaustão.

Mediante os recursos da Ciência médica, sociológica, psicológica, as legislações trabalhistas fixam, com relativo equilíbrio, a proporcionalidade entre o trabalho e o descanso.

No entanto, é indispensável que esses direitos estabelecidos pela legislação social dos povos e proclamados por entidades como Organização das Nações Unidas, Organização Internacional do Trabalho, sejam respeitados e defendidos por empregadores e empregados e devidamente tutelados pelos Estados.

O espírita, colhendo a informação sobre a lei do trabalho n'*O livro dos espíritos* deve estar atento a que tais princípios doutrinários, acolhidos pela Legislação trabalhista, sejam aplicados e respeitados.

***

REFLEXÃO

1 Como considera o Espiritismo o que seja trabalho?
2 O que o trabalho desenvolve no Espírito imortal?
3 De que forma a sociedade precisa se organizar relativamente ao trabalho, de acordo com os princípios espíritas?
4 Como agir para que todas as pessoas também tenham direito ao trabalho?
5 Ao executar seu trabalho você se sente cocriador com Deus? Em que aspectos?

> *O trabalho é lei da natureza, por isso mesmo que constitui uma necessidade, e a civilização obriga o homem a trabalhar mais, porque lhe aumenta as necessidades e os gozos* (KARDEC, 2013a, q. 674, p. 317).

4
ENTENDIMENTO ESPÍRITA SOBRE A REPRODUÇÃO

Será contrário à lei da natureza o aperfeiçoamento das raças animais e vegetais pela Ciência? Seria mais conforme a essa lei deixar que as coisas seguissem seu curso normal?

Tudo se deve fazer para chegar à perfeição e o próprio homem é um instrumento de que Deus se serve para atingir seus fins. Sendo a perfeição a meta para que tende a natureza, favorecer essa perfeição é corresponder às vistas de Deus.

(KARDEC, 2013a, q. 692, p. 324.)

Que efeito teria sobre a sociedade humana a abolição do casamento?

Seria uma regressão à vida dos animais.

(KARDEC, 2013a, q. 696, p. 324.)

A reprodução dos seres vivos é uma lei da natureza sem a qual o mundo corporal desapareceria.

Todavia, em sua participação na vida e na sociedade, muitas vezes, o homem precisa regrar e controlar a reprodução da própria espécie e mesmo dos animais e vegetais. Entenderia o Espiritismo ser contrário à lei da natureza o aperfeiçoamento das raças, animais, e das espécies vegetais pela Ciência?

O entendimento espírita, lançado n'*O livro dos espíritos*, é incisivo no sentido de que tudo deve ser feito para se chegar à perfeição. Além do mais, esclarece ser o homem instrumento de que Deus se serve para atingir seus fins. Se a perfeição é o fim a que tende a natureza, ajudar a atingir essa perfeição é proceder em conformidade com as leis divinas.

Evidencia-se, assim, que o ser humano deve ter uma participação no fenômeno da reprodução objetivando a perfeição, não se confundindo isso com intervenções científicas que visem única e exclusivamente o benefício material, seja do lucro fácil ou da satisfação de interesses egoísticos.

Os Espíritos observam que o homem, mesmo agindo sob o impulso do egoísmo, realiza seu progresso, pois está desenvolvendo a inteligência.

Em sua participação política na sociedade, o espírita não poderá perder de vista o aspecto ético ou moral da questão.

Informa a Doutrina Espírita que tudo o que embaraça a natureza em sua marcha é contrário à lei de Deus, porém será válida a ação humana que, usando a inteligência, vise disciplinar, harmonizar e concorrer para o aperfeiçoamento do homem.

Encontramos na questão 693, d'*O livro dos espíritos:*

> Deus concedeu ao homem, sobre todos os seres vivos, um poder de que ele deve usar, sem abusar. Pode, pois, regular a reprodução com as necessidades. Não deve se lhe opor sem necessidade. A ação inteligente do homem é um contrapeso que Deus dispôs para restabelecer o equilíbrio entre as forças da natureza e é ainda isso o que o distingue dos animais, porque ele obra com conhecimento de causa. Os mesmos animais, porém, também concorrem para a existência desse equilíbrio, porquanto o instinto de destruição que lhes foi dado faz com que, provendo à própria conservação, obstem ao desenvolvimento excessivo, quiçá perigoso, das espécies animais e vegetais de que se alimentam (p. 323).

O homem, em sua participação política, ou seja, em sua atuação nos diversos segmentos da sociedade, deve buscar ações que promovam o equilíbrio da humanidade, bem como da natureza como um todo, pois "tudo se deve fazer para chegar à perfeição e o próprio homem é um instrumento de que Deus se serve para atingir seus fins (KARDEC, 2013a, q. 692, p. 322).

No entanto, o ser humano ainda é imperfeito e, muitas vezes, age apenas para satisfazer seus instintos e impulsos obstando a reprodução apenas para satisfazer a sexualidade. O Espiritismo demonstra que isso revela a predominância do corpo sobre a alma.

É evidente, no entanto, que esse conceito não colide com o planejamento familiar, o qual ajuda o homem a assumir a prole com responsabilidade e zelo, componentes indeclináveis do amor.

O controle da reprodução não pode visar à satisfação de prazeres egoísticos, seja em termos de exploração da sensualidade no ser humano, seja pelo risco de desequilibrar a natureza, em função do lucro fácil e exorbitante.

Capítulo 4 – Entendimento Espírita sobre a reprodução

Casamento e divórcio

A reprodução no ser humano está ligada à tutela do casamento.

Os Espíritos, na já citada obra, nas questões 695 e 696, apresentam o casamento como um progresso alcançado pela humanidade. Ao mesmo tempo, exortam que sua abolição seria um retrocesso à vida animal.

Na análise dessa questão, Allan Kardec esclarece que no estado natural há a união livre e ocasional dos sexos. O surgimento do casamento representa um dos primeiros progressos da sociedade humana, pois estabelece a solidariedade fraterna.

O casamento é uma instituição que deve ser defendida e preservada pelo que apresenta de importante e necessário ao aprimoramento do ser humano no desenvolvimento do amor.

O espírita, de forma individual, e o Movimento Espírita, de maneira coletiva, precisam estar atentos à defesa dos fundamentos morais que preservam a nobre e elevada instituição do casamento. A título de liberdade levantam-se vozes que pregam a sexualidade irresponsável, rebaixando a relação sexual ao nível do instinto, como se tal envolvimento físico-psíquico-emocional-sentimental fosse tão simples e fisiológico como matar a sede ou saciar a fome.

A ação espírita de preservação dos laços de família não pode ficar limitada às quatro paredes do Centro Espírita, mas deve ser uma participação na sociedade. Para isso utilizará os meios e instrumentos lícitos e morais, associando-se a outras instituições e organizações que tenham o mesmo objetivo.

Assim poderá se contrapor à onda avassalante de sexualidade que varre os órgãos de comunicação, como a televisão, a revista, o jornal, o cinema, o teatro e que mantêm a mulher apenas como um objeto sexual, sob a aparência de libertação.

Também considera o Espiritismo que a indissolubilidade do casamento é uma lei humana contrária à própria natureza.

O casamento não pode ser uma prisão e que apenas para manter aparências justifique sua continuidade.

A separação do casal se justifica quando ocorram problemas incontornáveis.

É evidente que a separação do casal não tem respaldo em objetivos egoísticos, exteriorizados no sexualismo ou no interesse econômico, pois o convívio é necessário ao desenvolvimento do amor entre o casal e para com os filhos.

Nesse sentido, o relacionamento sexual no ser humano não é mero instrumento de satisfação de um instinto, nem pura justificativa do meio de reprodução. É, acima de tudo, elevada forma de exteriorização do amor em que, além da troca de sensações físicas, desdobram-se elevadas permutas de energias psíquicas.

O Espiritismo não justifica o celibato nem a poligamia. Quanto ao primeiro exorta: os que agem assim por egoísmo infringem as leis de Deus e ludibriam o mundo em que vivem (KARDEC, 2013a, q. 698). Tal não se dá, no entanto, com os que se encontram nesse estado por serviço à humanidade, caso em que é meritório. A poligamia é um costume humano cuja abolição representa verdadeiro progresso, pois o casamento deve se fundamentar na afeição entre os seres e não apenas na sensualidade.

Também não se justifica a poligamia ao arrepio da lei em que, numa aparente monogamia, o ser humano fere a dignidade e o respeito ao seu cônjuge, buscando às escondidas outro parceiro, num comportamento de falsidade, mentira e hipocrisia.

O espírita deve dignificar o sexo, preservar o casamento e defender sua constituição onde e quando necessário.

* * *

REFLEXÃO

1. *De acordo com a lei de reprodução n'O livro dos espíritos, a Ciência pode interferir no aperfeiçoamento dos vegetais, dos animais e do próprio homem?*
2. *Como deve ser a participação do ser humano tendo em vista a lei da reprodução?*
3. *Sob o ponto de vista do Espiritismo, qual tem mais valor: o casamento, o celibato ou a poligamia?*
4. *O que fazer para preservar a instituição do casamento como instrumento de aperfeiçoamento do ser humano no desenvolvimento do amor?*
5. *Como opor-se à onda avassaladora de sensualidade que domina os órgãos de comunicação: o cinema, a televisão, o teatro, a revista, o jornal que apresentam a mulher e o homem como objetos sexuais?*

> *Tudo se deve fazer para chegar à perfeição e o próprio homem é um instrumento de que Deus se serve para atingir seus fins. Sendo a perfeição a meta para que tende a natureza, favorecer essa perfeição é corresponder* às *vistas de Deus* (KARDEC, 2013a, q. 692, p. 322).

5
A CONSERVAÇÃO SOB ANÁLISE ESPÍRITA

Com que fim outorgou Deus a todos os seres vivos o instinto de conservação?

Porque todos têm que concorrer para o cumprimento dos desígnios da Providência. Por isso foi que Deus lhes deu a necessidade de viver. Acresce que a vida é necessária ao aperfeiçoamento dos seres. Eles o sentem instintivamente, sem disso se aperceberem.

(KARDEC, 2013a, q. 703, p. 327.)

O uso dos bens da Terra é um direito de todos os homens?

Esse direito é consequente da necessidade de viver. Deus não imporia um dever sem dar ao homem o meio de cumpri-lo.

(KARDEC, 2013a, q. 711, p. 330.)

Todos os seres vivos possuem instinto de conservação, qualquer que seja o grau de inteligência, pois a vida é necessária ao aperfeiçoamento dos seres. Por isso a Terra produz de modo a proporcionar o necessário aos que a habitam, visto que só o necessário é útil. O supérfluo nunca o é (KARDEC, 2013a, p. 328).

O homem ainda não aprendeu a retirar do solo apenas o que lhe é necessário. Sua ganância traduzida pelo desejo de lucro fácil, leva-o a dilapidar o patrimônio do qual o Senhor da vida permitiu-lhe o usufruto. Destrói sem maiores preocupações florestas imensas, polui as fontes e os rios, contamina os mares. Isso em nome do progresso que, na verdade, mascara a sanha egoística de pessoas e grupos que colocam os próprios interesses acima do bem-estar da própria humanidade.

O Espiritismo apresenta reflexões sobre Economia e Agricultura. Ensinamentos simples, porém profundos que só os cegos pela ambição e pelo egoísmo podem desprezar.

O ser humano ainda é imprevidente, pois não sabe regrar o seu viver. A terra produziria sempre o necessário, se com o necessário o homem soubesse se contentar. Muitas vezes ele a torna árida e estéril em virtude de sua imperícia e da exigência do máximo de produção para satisfazer seu apetite econômico.

Com relação aos meios de subsistência, observou Allan Kardec que a muitas pessoas falta o indispensável, embora estejam cercadas pela abundância. Qual seria a causa? O Espiritismo indica claramente tratar-se do egoísmo do homem que não faz o que lhe cumpre no campo da justiça. Também a outros faltam os meios de subsistência por sua própria incúria e imprevidência.

Ao lado da abundância, no supérfluo, falta o necessário à massa humana dos marginalizados na sociedade. Nela encontramos a carência, a doença, a falta de habitação, a escassez de vestuário, a ausência de instrução e o trabalho sub-humano.

Essa massa contrasta com a minoria que detém o poder econômico. Tal é a situação em muitas partes do planeta, no chamado Terceiro Mundo. Também o Brasil ainda apresenta esse aspecto social, na periferia dos grandes centros urbanos e nas regiões socioeconômicas menos desenvolvidas.

Há, porém, pessoas que devem a própria miséria à indolência e à irresponsabilidade. Contudo, mesmo nesses casos, há que se indagar de seu histórico psicossocial, sua saúde física e mental, bem como a pressão econômica que suporta.

Embora a civilização amplie as necessidades, ela também aumenta as fontes de trabalho e os meios de viver. A Ciência e a Tecnologia vêm aumentando progressivamente a produção dos bens e à medida que se aplique a justiça social a ninguém faltará o necessário.

Esclarece o Espiritismo que para todos há um lugar ao sol, mas com a condição de *que cada um ocupe o seu lugar* e não o dos outros.

A natureza não pode ser responsável pelos *defeitos da organização social*, nem pelos efeitos da ambição e do egoísmo. *O uso dos bens da Terra é um direito de todos.*

Segundo O *livro dos espíritos*, "esse direito é consequente da necessidade de viver (KARDEC, 2013a, q. 711, p. 330).

No entanto, nas organizações sociais injustas, a maioria dos homens é impedida do uso dos bens da Terra por aqueles que não só usam tais bens como, ainda, os dilapidam no gasto supérfluo. Não respeitam o limite das necessidades que a natureza traçou.

Aqueles que açambarcam os bens da Terra a fim de proporcionarem para si o supérfluo, prejudicando a quem falta até o necessário, infringem a Lei divina e serão responsáveis pelas privações que houverem provocado aos outros.

Para o Espiritismo, a civilização desenvolve a moral e consequentemente o sentimento da caridade que induz os homens a se prestarem apoio recíproco. Aqueles que vivem à custa das privações dos outros, exploram, para si, os recursos da civilização. De civilizados têm apenas a aparência, da mesma forma que muitas pessoas de religião só têm a exterioridade, expressa nos ritos.

Portanto, a própria Lei de conservação conduz o homem à fraternidade, ao amparo mútuo. O Espiritismo não justifica aqueles que vivem da exploração do semelhante, que pretendem os benefícios da civilização só para si. Aponta-lhes a hipocrisia e a falsidade.

Direito ao bem-estar

O homem não merece censura por desejar seu bem-estar. É natural esse desejo. Ele não é condenável, desde que não seja conseguido com o prejuízo do outro e não prejudique as forças físicas ou morais.

Todo ser humano *tem direito* ao bem-estar. Logo, está errada e injusta a sociedade em que apenas alguns gozam do bem-estar. Também não está certa para o Espiritismo a sociedade que elege padrões de felicidade em termos de consumir ("feliz é o que tem dinheiro para comprar") e não de ser (desenvolvendo sua capacidade de conhecer e amar), pois apela somente para a satisfação dos impulsos e instintos.

Para a Doutrina Espírita não há valor na privação do bem-estar, na mortificação, no isolacionismo religioso uma vez que isso somente interessa a quem o pratica. Se tais condições impedem a pessoa de fazer o bem, elas revelam egoísmo, seja qual for o pretexto que expressem.

O sacrifício vale quando é feito a fim de ajudar o próximo, quando nele há um conteúdo de amor.

A questão 726 d'*O livro dos espíritos* orienta:

> [...] Supões que se adiantam no caminho do progresso os que abreviam a vida, mediante rigores sobre-humanos, como fazem os bonzos, os faquires e alguns fanáticos de muitas seitas? Por que de preferência não trabalham pelo bem de seus semelhantes? Vistam o indigente; consolem o que chora, trabalhem pelo que está enfermo; sofram privações para

alívio dos infelizes e então suas vidas serão úteis e, portanto, agradáveis a Deus. Sofrer alguém voluntariamente, apenas por seu próprio bem, é egoísmo; sofrer pelos outros é caridade: tais os preceitos do Cristo (KARDEC, 2013a, q. 726, p. 334).

Desse conceito destaca-se, claramente, a necessidade de participação ativa do homem na sociedade, a benefício de seu semelhante. Só aí se justifica a provação, com um fim útil, expressando amor ao próximo.

O que de importante se realça é a privação, a renúncia, o sacrifício em prol do pobre, do marginalizado, do injustiçado, do enfermo a se traduzir numa ação social, uma ação política que lhe reconheça os direitos humanos.

O espírita deve, mesmo com sacrifício, agir conscientemente para que, na sociedade humana, todos tenham o necessário para seu progresso.

Sabendo que o uso dos bens da Terra é um direito de todos os homens, conforme os postulados do Espiritismo, o espírita deve participar pelos meios lícitos que tenha ao seu dispor para que *esse direito seja indistintamente aplicado.*

* * *

Reflexão

1. Por que os seres vivos têm o instinto de conservação?
2. O ser humano já consegue equilibrar, em seus atos, as leis da conservação e da destruição?
3. A natureza é responsável pelos defeitos da organização social?
4. Como entender a questão 711 d'O livro dos espíritos: "O uso dos bens da Terra é um direito de todos os homens?"
5. Qual tem sido a sua postura diante da destruição da natureza em função do lucro fácil?
6. Como você imagina poderia ser uma sociedade em que a economia não destruísse a natureza e em que todas as pessoas tivessem o necessário para uma vida digna?

É lei da natureza o instinto de conservação?

Sem dúvida. Todos os seres vivos o possuem, qualquer que seja o grau de sua inteligência. Nuns, é puramente maquinal, raciocinado em outros (KARDEC, 2013a, q. 702, p. 328).

6
O ENFOQUE ESPÍRITA DA DESTRUIÇÃO

Se a regeneração dos seres faz necessária a destruição, por que os cerca a natureza de meios de preservação e conservação?

A fim de que a destruição não se dê antes do tempo. Toda destruição antecipada obsta ao desenvolvimento do princípio inteligente. Por isso foi que Deus fez que cada ser experimentasse a necessidade de viver e de se reproduzir.

(KARDEC, 2013a, q. 729, p. 335-336.)

A destruição pode, também, ser considerada uma lei da natureza, como esclarecem os Espíritos: "[...] Porque o que se chama de destruição não passa de uma transformação que tem por fim a renovação e melhoria dos seres vivos" (KARDEC, 2013a, q. 728, p. 335).

Os Espíritos procuram mostrar o mecanismo de equilíbrio que preside tal fenômeno ao analisarem o instinto de destruição dos seres vivos como desígnios providenciais, já que as criaturas são instrumentos de que Deus se serve para atingir os fins por ele estabelecidos. Em decorrência da necessidade de alimentação, os seres vivos destroem-se reciprocamente. Com isso atingem-se dois objetivos: equilíbrio e manutenção na reprodução e utilização da matéria que sofreria a destruição.

O Espiritismo estabelece, assim, o equilíbrio entre a destruição e a conservação, e o importante é que a destruição não se dê antes do tempo. Toda destruição antes do tempo cria obstáculos ao progresso do princípio inteligente.

Observamos então, verdadeiro jogo de forças da natureza para, de forma sábia, manter o necessário equilíbrio entre a conservação e a destruição dos seres.

Muitas vezes esse equilíbrio é rompido quando o homem, agindo de uma forma egoísta sobre a natureza, destrói os seres de maneira inútil e desnecessária.

Quando a destruição ultrapassa os limites que a necessidade e a segurança estabelecem, aparece o domínio da materialidade sobre a natureza espiritual.

"[...] Toda destruição que excede os limites da necessidade é uma violação da Lei de Deus" (KARDEC, 2013a, q. 735, p. 337).

Entre as formas de destruição, encontram-se os flagelos. Será possível ao homem afastar os flagelos que o afligem?

O Espiritismo afirma ser possível isso, no entanto, esclarece que muitos flagelos resultam da imprevidência humana.

À medida que a Ciência e a técnica vão progredindo, o homem vai podendo dominar os flagelos, isto é, pela pesquisa das causas ele pode prevenir-se. No entanto, há flagelos como terremotos, ciclones, maremotos, quedas baixíssimas de temperatura que o ser humano ainda não pode controlar. A esses ele tem que se submeter, porém ele os agrava por sua negligência.

Há, pois, necessidade de o homem organizar a sociedade de forma a ser previdente, somando conhecimentos e experiências, encontrando a solução dos males ao remover as causas. Para isso, concorrem a Ciência e a técnica.

No entanto, se flagelos como inundações, epidemias, secas levam a dor e o sofrimento a grande parte das populações, é porque o egoísmo, traduzido no privilégio de minorias, impede que recursos avançados da Ciência e da técnica sejam aplicados de forma a eliminar ou diminuir seus danosos e dolorosos efeitos.

Quanto aos males que escapam à sua capacidade de controle, o homem deve utilizar sua inteligência para compreendê-los cada vez mais, a fim de, futuramente, conjurá-los. Deverá também usar a paciência e a compreensão para suportar-lhes os efeitos, evitando agravá-los pela revolta e negligência, quando, no momento, não lhe seja possível evitá-los.

Entre os flagelos produzidos exclusivamente pelo homem, sobreleva a guerra.

O Espiritismo diz que a guerra desaparecerá da face da Terra "[...] quando os homens compreenderem a justiça e praticarem a Lei de Deus. Nessa época, todos os povos serão irmãos" (KARDEC, 2013a, q. 743, p. 340).

Para que haja harmonia na sociedade humana é imperioso que a justiça se faça junto a cada um de seus componentes. Também para que haja paz e harmonia entre as nações, é indispensável que elas se relacionem sob o pálio da justiça.

Capítulo 6 – O enfoque espírita da destruição

Porém, a realidade, atualmente, ainda não é essa. Nações mais desenvolvidas econômica e tecnicamente procuram explorar as nações pobres. Tais nações utilizam regras do mercado internacional que lhes propiciam lucros fáceis: estabelecem preços que lhes convêm; fixam barreiras alfandegárias; importam matéria-prima a preços aviltantes. Agem de maneira a manter as nações pobres em permanente dependência econômica, política e até mesmo militar.

Obviamente, enquanto perdurar tal situação, a guerra, declarada ou não, permanecerá entre os povos, pois faltará o elemento essencial à harmonia entre eles — *a justiça*, consoante a exortação dos Espíritos.

A destruição das criaturas entre si é condenável, constitui crime. Para Deus, segundo os Espíritos, o assassínio constitui grande crime, "[...] pois que aquele que tira a vida ao seu semelhante corta o fio de uma *existência de expiação ou de missão.* [...]" (KARDEC, 2013a, q. 746, p. 340). A atitude daquele que, no assalto, no roubo, no desentendimento mata o seu semelhante é tão condenável quanto a daquele que não comete crime ostensivamente, mas rouba forças de trabalho do operário, matando-o aos poucos; que sonega os recursos dos tributos que devem prover às necessidades das coletividades.

A destruição e a violência não se manifestam somente de forma física e ostensiva; mais terríveis e perigosas elas são quando se manifestam de forma sutil e disfarçada, provocando o aniquilamento e a degradação do meio ambiente em que o homem vive.

Todas as vezes que o espírita constatar a destruição da natureza em função do lucro que os sistemas econômicos exigem, deverá associar-se às vozes que clamam contra tal destruição.

Para isso dará apoio e participação, como cidadão, ao partido político, aos movimentos ecológicos, às organizações não governamentais — ONGs, às organizações estudantis e outras que atuam contra a destruição desregrada.

* * *

REFLEXÃO

1. Como entender a necessidade da destruição?
2. Considerando que a conservação e a destruição são leis divinas que objetivam o equilíbrio da própria vida, quando e por que a destruição se torna abusiva?
3. De que forma os flagelos: inundações, epidemias, secas, etc. poderão ser eliminados ou atenuados?
4. Entre os flagelos, a guerra é o mais terrível; quais as condições para que ela desapareça da sociedade?
5. Você já está fazendo alguma coisa para impedir que a vida na Terra se torne impossível?
6. Diz a Constituição da República Federativa do Brasil, no artigo 5º, inciso LXXIII:

> qualquer cidadão é parte legítima para propor ação popular que vise anular ato lesivo do patrimônio público [...] ao meio ambiente e ao patrimônio histórico e cultural, ficando o autor, salvo comprovado má fé, isento de custas judiciais e ônus de sucumbência.

Você acha que o povo brasileiro está sabendo usar esse importante instrumento de preservação do meio ambiente?

Entre os homens da Terra existirá sempre a necessidade da destruição?

Essa necessidade se enfraquece no homem, à medida que o Espírito sobrepuja a matéria. Assim é que, como podeis observar, o horror à destruição cresce com o desenvolvimento intelectual e moral (KARDEC, 2013a, q. 733, p. 336).

7
A SOCIEDADE NA PERSPECTIVA ESPÍRITA

A vida social está na natureza?
Certamente. Deus fez o homem para viver em sociedade. Não lhe deu inutilmente a palavra e todas as outras faculdades necessárias à vida de relação.

(KARDEC, 2013a, q. 766, p. 347.)

A vida social é condição da própria natureza.

Deus criou o homem para viver em sociedade; por isso o homem é dotado dos meios de comunicação.

O homem não é um ser perfeito e completo, portanto ele precisa da união social a fim de que um possa ajudar o outro. "[...] Precisando uns dos outros, os homens foram feitos para viver em sociedade." (KARDEC, 2013a, q. 768, p. 347).

Não se justifica o isolamento do homem, seja por pretenso fim religioso (asceta, ermitão, etc.), seja pelo fim egoístico de usufruir os bens materiais sem aborrecimento de ter que se relacionar com pessoas (residir em uma ilha isolada, por exemplo).

Aqueles que pretendem viver em absoluta reclusão, fugindo do pernicioso contato com o mundo, advertiram os Espíritos que incorriam em duplo egoísmo.

Toda forma de insulamento que nada produza é considerada inútil pelo Espiritismo.

Torna-se evidente que a pessoa tem um compromisso com a sociedade em que vive. Nela deve participar, dando sua contribuição, de acordo com suas possibilidades intelectuais e sentimentais. O espírita, pelo conhecimento que tem da Doutrina Social Espírita, consubstanciada nas *Leis Morais* d'*O livro dos espíritos*, tem o dever de participar ativa e conscientemente na sociedade em que vive, agindo para que os princípios expressos em tais leis se efetivem na sociedade humana.

Há uma forma de insulamento que o Espiritismo acolhe: os que saem do mundo para se dedicarem ao trabalho de socorrer os necessitados. Aqueles que assim agem, na verdade se elevam em seu progresso espiritual, pois adquirem duplo mérito: superam o egoísmo no gozo material e praticam o bem, obedientes à *Lei do trabalho*.

Nesse aspecto, os Espíritos valorizam duas situações importantes: *fazer o bem e obedecer à Lei do trabalho*.

Consequentemente, a omissão e a ociosidade que venham alimentar qualquer tipo de isolamento social produzirão sempre a inutilidade, o fanatismo ou o egoísmo rotulado de pureza ou santidade.

O homem tem necessidade de progredir, de desenvolver suas potencialidades e isso ele só pode fazer em sociedade e é necessário que a sociedade esteja estruturada a fim de que todos que a compõem tenham tal possibilidade.

O progresso do homem, tanto em seu aspecto da vida material quanto da vida espiritual, é uma imposição do Criador à vida. Ele necessita relacionar-se com seu semelhante para criar os bens indispensáveis ao seu aprimoramento.

Esse relacionamento social, no entanto, deve ser inspirado pelo amor entre os seres, pela fraternidade que implica no exercício da justiça.

Desses bens necessários ao seu progresso, alguns ele colhe na própria família, outros, porém, ele precisa colher em outras agências: a religião, a escola, as associações com fins culturais, artísticos, científicos, etc. Então ele poderá satisfazer suas necessidades de ordem econômica, social, cultural e espiritual.

Por outro lado, o ser humano, a família, as instituições sociais precisam de paz, justiça e segurança a fim de que todos possam progredir, sem restrições ou discriminações.

Assinalam os Espíritos que os laços de família são importantes na educação do ser humano. Amando o próximo que está mais próximo é que o homem se prepara para o exercício do amor àqueles que lhe estão mais distantes.

Advertem, ainda, que o relaxamento dos laços familiares será a recrudescência do egoísmo.

Retirando do ser humano a manifestação do amor em seu relacionamento, resta apenas o egoísmo, inclusive rebaixando a relação sexual ao puro instinto.

Capítulo 7 – A sociedade na perspectiva espírita

O amor faz com que haja a responsabilidade, o cuidado, o carinho e o zelo de uma pessoa para com a outra. A família é o precioso laboratório onde se exercita e se aprimora a sublime manifestação desse sentimento.

Por isso, os fundamentos morais da família devem ser preservados, valorizando-se o sexo como manifestação do amor.

O espírita deve estar atento, à vista dos conceitos espíritas sobre sexo, família, dignidade humana, para se opor às ações e movimentos que subvertam os valores espirituais.

Conclui-se, assim, que o homem não é um ser independente. Pelo contrário, ele depende de seu semelhante ao mesmo tempo em que é impulsionado ao progresso; por isso impõe-se-lhe a necessidade de aprender a amar o seu próximo e não explorá-lo física, intelectual e sentimentalmente.

Esse amor deve ser traduzido de forma concreta.

Não apenas dar esmola ao pobre e pedir-lhe paciência, acolher o velho desamparado no asilo, agasalhar a criança órfã ou abandonada, mas *agir* para que *o amai-vos uns aos outros se efetive através do direito* que todo ser humano tem de possuir *o necessário*: alimentação, vestuário, casa, saúde, educação, lazer e desenvolvimento espiritual.

* * *

REFLEXÃO

1. Por que o ser humano tem que viver em sociedade e não deve se isolar, a não ser excepcionalmente?
2. Como o espírita deve participar na sociedade?
3. Por que o progresso do homem, tanto no aspecto da vida material quanto da vida espiritual, é uma imposição do Criador da vida?
4. Quais as agências sociais que ajudam o ser humano no seu progresso?
5. Como o espírita valoriza a família?
6. A sua visão espírita da sociedade o leva a ser cooperativo? Como?

O homem tem que progredir. Insulado, não lhe é isso possível, por não dispor de todas as faculdades. Falta-lhe o contato com os outros homens. No insulamento, ele se embrutece e estiola.

Homem nenhum possui faculdades completas. Mediante a união social é que elas umas às outras se completam, para lhe assegurarem o bem-estar e o progresso. Por isso é que, precisando uns dos outros, os homens foram feitos para viver em sociedade e não insulados (KARDEC, 2013a, q. 768, p. 347).

8
A CONCEITUAÇÃO DO PROGRESSO NA DOUTRINA ESPÍRITA

A força para progredir, haure-a o homem em si mesmo,
ou o progresso é apenas fruto de um ensinamento?

O homem se desenvolve por si mesmo, naturalmente. Mas nem todos progridem simultaneamente e do mesmo modo. Dá-se então que os mais adiantados auxiliam o progresso dos outros, por meio do contato social.

(KARDEC, 2013a, q. 779, p. 352.)

O Espiritismo considera o estado natural como sendo a infância da humanidade e o seu ponto de partida para o desenvolvimento intelectual e moral.

Assegura tratar-se de um estado transitório para o homem, que dele sai em decorrência do progresso e da civilização. Esclarece, por outro lado, que a lei natural rege a humanidade inteira e o homem se aprimora à medida que melhor a compreende e pratica.

O próprio homem traz em si os impulsos que o conduzem ao progresso, porém esse progresso não é simultâneo e idêntico a todos. Por isso, aqueles que estão mais adiantados devem auxiliar o progresso dos outros, através da relação social.

Esclarecem os Espíritos que o progresso moral decorre do progresso intelectual, porém nem sempre a ele se segue.

O entendimento intelectual torna compreensível o bem e o mal. Ao desenvolver seu raciocínio, o ser humano adquire a faculdade de escolher. Com isso, ele desenvolve seu livre-arbítrio o que lhe aumenta a responsabilidade dos seus atos.

O progresso é da própria condição humana, por isso o homem não pode se lhe opor. A ignorância e a maldade e, até mesmo leis injustas, podem retardar seu desenvolvimento, mas não anulá-lo.

Quando instituições e leis se tornam incompatíveis com ele, a própria evolução geral se incumbe de aniquilar tais organizações e revogar ordenamentos anacrônicos.

Evoluções, revoluções e progresso

É claro que essa evolução geral é a expressão das forças conscientes e ativas que não se submetem à maldade gerada pela ignorância.

O progresso é lento, mas a humanidade, de forma geral, ou o homem particularmente, não podem permanecer indefinidamente na ignorância porque precisam atingir os fins que lhes foram assinalados pelo Criador.

Segundo o Espiritismo:

> As revoluções morais, como as revoluções sociais se infiltram nas ideias pouco a pouco; germinam durante séculos; depois, irrompem subitamente e produzem o desmoronamento do caruncoso edifício do passado que deixou de estar em harmonia com as necessidades novas e com as novas aspirações.
>
> Nessas comoções, o homem quase nunca percebe senão a desordem e a confusão momentânea que o ferem nos seus interesses materiais (KARDEC, 2013a, q. 783, comentário de Allan Kardec).

No entanto, por meio do próprio mal Deus cria o bem.

As revoluções morais e sociais são condições para a realização do progresso. São ideias novas, conceitos novos que se chocam com os existentes, os quais já não mais satisfazem as necessidade e aspirações (KARDEC, 2013a, q. 783, p. 353).

Encontramos no comentário de Allan Kardec à questão 789 d'*O livro dos espíritos,* esclarecimento de grande valia sociológica:

> A humanidade progride, por meio dos indivíduos que pouco a pouco se melhoram e instruem. Quando estes preponderam pelo número, tomam a dianteira e arrastam os outros. De tempos a tempos, surgem no seio delas homens de gênio que lhe dão impulso; vêm depois, como instrumentos de Deus, os que têm autoridade e, nalguns anos, fazem-na adiantar-se de muitos séculos (p. 356).

Capítulo 8 – A conceituação do progresso na Doutrina Espírita

Compreende-se, por tudo isso, *a importância da participação dos espíritas na sociedade, de uma forma esclarecida e consciente*. O espírita precisa conhecer os conceitos e fundamentos da Doutrina Espírita para, com os meios que lhe sejam possíveis, colocá-los na organização social em que vive.

Para o aprimoramento da sociedade, deve-se trabalhar a fim de aumentar o número das pessoas esclarecidas, justas e amorosas de maneira a que suas ações preponderem sobre a dos maus.

Daí a reforma íntima não ser condição para isolamento ou alienação, mas compromisso de união com os outros que têm o mesmo ideal de amor e justiça, agindo deliberada e responsavelmente a benefício de todos.

Uma sociedade justa se reconhece por seu desenvolvimento moral. O progresso social não se mede apenas pelas invenções da Ciência ou pelas comodidades materiais oferecidas em termos de vestuário e habitação, mas pelo desaparecimento dos vícios, da exploração do próprio ser humano, do egoísmo e do orgulho.

Ao analisar o progresso de duas nações, Allan Kardec assinala algumas características entre uma e outra a fim de conceituá-las como civilizadas. Para ele, civilizada é aquela onde exista menos egoísmo, menos cobiça e menos orgulho. Onde os hábitos intelectuais e morais sobrepujam os materiais. Nessa nação haverá mais liberdade de inteligência, mais bondade, boa fé, benevolência e generosidade entre os cidadãos. Consequentemente, nela existirá menos preconceitos de casta e de nascimento. As leis nenhum privilégio consagram. A justiça não será exercida com parcialidade. O fraco encontra o amparo do forte. A vida do homem, suas crenças e opiniões são devidamente respeitadas. Onde pequeno é o número dos desgraçados e todo homem de boa vontade sabe que não lhe faltará o necessário.

É evidente que os valores anteriormente expostos se constituem em verdadeiros desafios para implantação em nossa atual sociedade. São metas do verdadeiro progresso que devem ser alcançadas pelas forças do bem.

O Espiritismo tem sua contribuição para dar, pois basta analisar seus princípios filosóficos para ver que ele propõe o que a humanidade deseja: o *reino da justiça*, obstando os abusos que impedem *o progresso e a moralização das massas.*

Disseram os Espíritos:

> Destruindo o materialismo, que é uma das chagas da sociedade, ele faz que os homens compreendam onde se encontram seus verdadeiros interesses. Deixando a vida futura de estar velada pela dúvida, o homem perceberá melhor que por meio do presente lhe é dado preparar seu futuro. Abolindo os prejuízos de seitas, castas e cores, ensina aos homens a *grande solidariedade* que os há de unir como irmãos (KARDEC, 2013a, q. 799, grifo nosso).

Ao estabelecer a fraternidade e a solidariedade entre os homens, o Espiritismo faz com que os horizontes do entendimento humano se ampliem para muito além do egoísmo e do orgulho.

Como vemos, a proposição espírita da Lei do progresso é um intenso e profundo desafio aos espíritas para que trabalhem pelo progresso intelectual e moral da humanidade. Com tal objetivo, devem agir sobre a sociedade humana a fim de que haja hábitos espiritualizados, desenvolvimento da inteligência, da liberdade, elaboração de leis justas a benefício de todos, amparo ao fraco para que ele não seja explorado pelo forte, respeito às crenças e opiniões, direito ao necessário para todos (bem comum).

Como fazer isso? Agindo não só no Movimento Espírita como, também, de conformidade com a vocação e aptidão de cada um, nas organizações e movimentos que, baseados em tais valores, procuram estruturar e organizar a sociedade de forma pacífica, justa e solidária.

* * *

REFLEXÃO

1 Por que o homem deve se relacionar com o outro, vivendo em sociedade, se cada pessoa já traz o impulso do progresso em si mesma?
2 Será possível as pessoas se oporem permanentemente ao progresso?
3 Segundo O livro dos espíritos, como entender a evolução, as revoluções e o progresso?
4 Tendo em vista a questão 789 d'O livro dos espíritos, como se processa o progresso?
5 Como deve o espírita participar de forma esclarecida e consciente no aprimoramento da sociedade?
6 Quais as contribuições que o Espiritismo tem para o aperfeiçoamento da sociedade?

Como poderá o homem ser levado a reformar suas leis?

Isso ocorre naturalmente, pela força das coisas e da influência das pessoas que o guiam na senda do progresso. Muitas ele já reformou e muitas outras reformará. Espera! (KARDEC, 2013a, q. 797, p. 360).

9
Espiritismo e igualdade

Perante Deus, são iguais todos os homens?

Sim, todos tendem para o mesmo fim e Deus fez suas Leis para todos. Dizeis frequentemente: "O sol luz para todos" e enunciais assim uma verdade maior e mais geral do que pensais.

(KARDEC, 2013a, q. 803, p. 363.)

É lei da natureza a desigualdade das condições sociais?

Não; é obra do homem e não de Deus.

(KARDEC, 2013a, q. 806, p. 364.)

De conformidade com o disposto na questão nº 803 d'*O livro dos espíritos*, perante Deus todos os homens são iguais, pois todos tendem para o mesmo fim e Deus fez suas leis para todos.

Anos após a publicação d'*O livro dos espíritos*, a 18 de abril de 1857, seria aprovada a Declaração Universal dos Direitos Humanos, em 10 de dezembro de 1948.

Diz seu preâmbulo:

> Considerando que o reconhecimento da dignidade inerente a todos os membros da família humana e de seus direitos iguais e inalienáveis é o fundamento da liberdade, da justiça e da paz do mundo [...].
> Artigo 1º – Todos os seres humanos nascem livres e iguais em dignidade e direitos. São dotados de razão e consciência e devem agir em relação uns aos outros com espírito de fraternidade.
> Artigo 2º – (1) – Todo ser humano tem capacidade para gozar dos direitos e das liberdades estabelecidas nesta Declaração, sem distinção de qualquer espécie, ou seja, de raça, natureza, origem nacional ou social, riqueza, nascimento ou qualquer outra condição.
> (2) – Não será também feita nenhuma distinção fundada na condição política, jurídica ou internacional do país ou território a que pertença uma pessoa, quer se trate de um território independente, sob tutela, sem governo próprio, quer sujeito a qualquer outra limitação de soberania. [...]

Observamos que os conceitos estabelecidos n'*O livro dos espíritos* foram ampla e profundamente reconhecidos pela humanidade, no seu mais belo texto do pensamento jurídico.

De forma concreta, essa igualdade é reconhecida, no Brasil, por meio da Constituição da República Federativa do Brasil, de 5 de outubro de 1988, em seu artigo 5º.

Desigualdade de aptidões
Base para auxílio mútuo

Embora a *igualdade natural* entre todos os homens, manifestada pelo Espiritismo e reconhecida no plano jurídico pela humanidade, é inquestionável a desigualdade das aptidões.

Esclarecem os Espíritos que Deus criou todos os seres humanos iguais, no entanto, cada um vive há mais ou menos tempo, logo, têm mais ou menos experiências. A diferença entre eles reflete justamente a diversidade dos graus de experiência que já possuem e da vontade com que agem.

Por isso, Allan Kardec considerou que a diversidade das aptidões entre os homens não se origina da natureza íntima da sua criação, porém, da evolução alcançada pelos Espíritos que neles tenham encarnado. Deus dotou os seres de faculdades iguais e as diferenças de aptidões servem para que os Espíritos com maior soma de experiências possam auxiliar o progresso daqueles que ainda têm menor quantidade de experiências, estabelecendo, assim, o fundamento da caridade que a todos deve unir.

Desigualdade social: obra do homem

A questão 806 da já citada obra explicita que a desigualdade das condições sociais não é lei da natureza. "É obra do homem e não de Deus".

Consequentemente, o espírita não deve compactuar com situações que promovam a desigualdade entre os homens: a riqueza e a pobreza, o luxo e a miséria, o elitismo intelectual e a ignorância. Deve lutar contra o egoísmo e o orgulho, identificando os múltiplos disfarces com que eles se apresentam. Deve apoiar os movimentos que objetivem a igualdade dos direitos humanos, reconhecendo apenas como válida a desigualdade pelo merecimento decorrente do grau de aprimoramento intelectual e espiritual.

Advertiram os Espíritos na questão 807 d'*O livro dos espíritos*: "Merecem anátema! Ai deles! [os que abusam da superioridade de suas posições sociais, para, em proveito próprio, *oprimir os fracos*]". Alertam, ainda, que se eles escaparem da justiça humana, aguarda-os a Justiça divina, pois serão, por sua vez, oprimidos e reencarnarão em uma existência em que sofrerão tudo aquilo que fizeram os outros sofrerem.

O Espiritismo brada veemente contra a *opressão social*, demonstrando a necessidade de se agir por um mundo de amor e justiça.

Bem-estar para todos

Para a Doutrina Espírita, a desigualdade das riquezas pode se originar na desigualdade das faculdades, como também pode ser fruto da velhacaria e do roubo, como explicitado na questão 808 d'*O livro dos espíritos*.

Mesmo a riqueza herdada, nem sempre tem uma origem pura. Pode ter surgido da espoliação ou da injustiça. Além do mais, ainda que a origem seja boa, a cobiça da riqueza e o desejo de possuí-la o mais depressa possível, em detrimento dos outros, não são sentimentos louváveis.

Considerando a diversidade das faculdades intelectuais e os caracteres, não é possível a igualdade absoluta das riquezas, no entanto, isso não é impedimento à igualdade de bem-estar.

Na conceituação espírita, o bem-estar é relativo e todos poderiam desfrutá-lo se houvesse um entendimento conveniente, pois o verdadeiro bem-estar existe quando a pessoa pode aplicar seu tempo conforme sua vontade. Assim, ninguém executaria um trabalho para o qual não tivesse gosto. Como as aptidões e vocações são diferentes, nenhum trabalho ficaria sem ser feito.

Se a igualdade das riquezas não é possível, *o bem-estar é possível*. Logo, é importante que cada ser humano tenha as condições mínimas para desenvolver suas potencialidades. Precisa ter alimento, abrigo, saúde, educação e lazer. Poderá, então, atingir o mais elevado grau de bem-estar que os Espíritos propuseram: a possibilidade de cada um empregar seu tempo (sua disponibilidade de vida), como lhe apraza.

Isso não será possível enquanto grande parte das pessoas estiver submetida à opressão, à exploração, à injustiça dos que desejam manter ou possuir a riqueza o mais depressa possível.

A riqueza, sob o aspecto ético ou moral, jamais deverá originar, manter ou estimular a exploração do homem pelo homem.

Diz o Espiritismo: "*Os homens se entenderão quando praticarem a lei da justiça*" (KARDEC, 2013a, q. 812, p. 366, grifo nosso). E isso será possível quando os direitos humanos forem respeitados pelas sociedades políticas em que o homem vive.

É verdade que, muitas vezes, a pessoa cai na miséria por sua própria culpa, no entanto, a sociedade tem responsabilidade, pois ela deve velar pela educação moral de seus membros e, quase sempre, é a má educação que lhe falseia o critério ao invés de oferecer meios educacionais para remover suas más tendências.

Portanto, a influência do meio social é muito grande sobre as pessoas impondo-lhes critérios e valores materialistas ou espiritualistas, refletindo orgulho e egoísmo ou amor e justiça, conforme a direção que tenha tal sociedade.

No atual estágio de evolução espiritual, a riqueza, o poder e a miséria constituem provas pelas quais os Espíritos se experimentam.

A miséria pode gerar a revolta, a dependência, a indolência facilita a iniciação nos vícios, na prostituição e na delinquência. A riqueza incita a todos os excessos, torna o homem egoísta, orgulhoso, insaciável, explorador, facilitando também a dependência aos vícios.

Portanto, a justiça deve exercer sua tutela a fim de que *cada um tenha o que é seu direito*.

Não se pode, dessa forma, justificar com os conceitos espíritas a miséria como sendo apenas prova ou expiação de Espíritos que foram ricos e poderosos no passado.

A própria evidência sociológica demonstra o absurdo de tal generalização. O orgulho e o egoísmo de homens e instituições é que têm ditado a miséria e a pobreza sobre a face da Terra.

Capítulo 9 – Espiritismo e igualdade

Alguns Espíritos que fracassaram na prova da riqueza podem ter escolhido a expiação da pobreza para se reeducarem, como alguns Espíritos podem ter escolhido a provação da riqueza para exercitar suas aquisições no campo do amor, da justiça e da humildade.

A miséria sempre foi muito maior do que a riqueza, em todos os tempos vividos pela humanidade, até a presente época. Os ricos têm sido minoria e os pobres maioria, numa grande desproporção.

Isso não permite pensar logicamente numa inversão tão simplista como querem alguns: "O pobre de hoje é o rico de ontem". Trata-se de uma acomodação injusta diante de uma sociedade dirigida, ainda, pelo egoísmo e pelo orgulho. Acomodação que deturpa o sentido da reencarnação, conforme o conceito que lhe é dado pelo Espiritismo.

* * *

Reflexão

1. Quais desigualdades você identifica como obra dos homens e não de Deus?
2. Como agir para que haja o bem-estar de todas as pessoas?
3. De acordo com O livro dos espíritos, *perante Deus, todos os seres humanos são iguais?*
4. Qual a correlação entre a Declaração dos Direitos Humanos proclamada pela ONU e a Constituição da República Federativa do Brasil?
5. Quais as condições de bem-estar para todos que a Doutrina Espírita propõe?
6. Considerando as leis da reencarnação e da ação e reação, poderemos afirmar que todo pobre de hoje é o rico de ontem, passando por expiação?

Os homens se entenderão quando praticarem a Lei de justiça (KARDEC, 2013a, q. 812, p. 366).

10

ESPIRITISMO E LIBERDADE

Em que condições poderia o homem gozar de absoluta liberdade?

Nas do eremita do deserto. Desde que juntos estejam dois homens, há entre eles direitos recíprocos que lhes cumprem respeitar; não mais, portanto, qualquer deles goza de liberdade absoluta.

(KARDEC, 2013a, q. 826, p. 371.)

Para o Espiritismo, o homem não goza de absoluta liberdade quando vivendo em sociedade, porque uns precisam dos outros.

Estando juntos, ainda que dois homens, haverá entre eles *direitos recíprocos* que lhes cumpre respeitar.

Também a Doutrina Espírita condena o domínio de um homem pelo outro, por entender contrária à Lei de Deus a sujeição de uma pessoa pela outra. Alerta que a escravidão é um abuso da força e tende a desaparecer com o progresso.

O progresso tem-se feito e atualmente a escravidão está quase abolida sobre a face do planeta. Contudo, há formas mais sutis de escravidão: o despotismo, no lar, a exploração do trabalho humano, a sonegação dos direitos trabalhistas.

A liberdade depende da fraternidade e da igualdade. Onde houver uma convivência fraterna, exteriorizada em amor e respeito, acatando-se o direito do próximo, haverá a prática da justiça e consequentemente existirá liberdade.

O egoísmo, que tudo quer para si, e o orgulho, a expressar o desejo de domínio, são inimigos da liberdade.

Allan Kardec comenta:

> A liberdade pressupõe confiança mútua. Ora, não pode haver confiança entre pessoas dominadas pelo sentimento exclusivista da personalidade. Não podendo cada uma satisfazer-se a si própria senão à custa de outrem, todas estarão constantemente em guarda umas contra as outras. Sempre receosas de perderem o que chamam seus direitos, a dominação constitui a condição mesma da existência de todas, pelo que armarão continuamente ciladas à liberdade e a coarctarão quanto puderem (KARDEC, 2005, p. 289).

Observamos como é importante desenvolver a liberdade nas formas individual e coletiva, pois ela implica em condição de crescimento dentro da vida. Por outro lado, dois grandes obstáculos impedem o exercício da liberdade: o egoísmo e o orgulho.

O espírita deve combater o orgulho e o egoísmo em si mesmo e na sociedade em que vive.

A liberdade não se confunde com devassidão que solta as rédeas dos instintos.

É importante para o homem o desenvolvimento de sua capacidade de pensar, pois é através dela que ele poderá conhecer-se a si mesmo e ao mundo em que vive. Pelo pensamento, o homem desfruta de liberdade ilimitada, o que deverá ajudá-lo nesse conhecimento. Esse entendimento deve amparar-lhe a ação no sentido de, por meio da liberdade, desenvolver a fraternidade, a igualdade, a justiça e o amor.

Consoante instrução do Espiritismo, não se reconhece a ninguém o direito de pôr embaraços à liberdade de consciência.

Alerta, ainda, que constranger os homens a procederem em desacordo com a sua maneira de pensar, é torná-los hipócritas.

A liberdade de consciência é uma característica da civilização em seu mais avançado estágio de progresso.

Todavia, é evidente que uma sociedade para manter o equilíbrio, a harmonia, e o bem-estar precisa estabelecer normas, leis e regulamentos portadores de sanções. A título de respeitar a liberdade de consciência não se vai admitir a propagação de ideias e doutrinas prejudiciais à sociedade. Nada se lhes deve opor mediante a violência e a força, mas por meio dos princípios de direito.

Para o Espiritismo, os meios fazem parte dos fins; não se pode pretender o amor, a justiça, a liberdade, agindo por meios violentos, odiosos, injustos e coativos.

Esse conceito de liberdade deve levar o espírita à ação para implantar o bem na sociedade em que vive para que o mal gradativamente desapareça. Para isso é preciso atuar conscientemente, com amor e determinação.

É de se analisar, também, em termos de liberdade que grande parte das pessoas acha-se submetida à pressão do meio social, às regras e costumes.

Capítulo 10 – Espiritismo e liberdade

Muitas pessoas assumem vícios porque querem agradar à maioria com a qual convivem. Geralmente, levado pela pressão do grupo e a necessidade de sentir-se aceito, o jovem começa a fumar, a ingerir bebidas alcoólicas e até a usar os tóxicos. Nesses casos, torna-se evidente a necessidade de romper com a pressão social.

É verdade que muitas vezes os costumes sociais impelem o homem a seguir um caminho que essencialmente não é bom para ele, embora a ele se submeta pelo chamado respeito humano. Contudo, desde que haja uma adesão livre, pelo menos em termos de opção, a pessoa assume a responsabilidade de seus atos perante as leis de Deus e arcará com as consequências por suas infrações.

Conclui-se, pois, que a própria convivência do homem em sociedade impõe-lhe limites à liberdade. Tal relacionamento atribui-lhe direitos e impõe deveres.

Portanto, a liberdade não pode ser confundida com irresponsabilidade.

Por outro lado, não são justas e cristãs as organizações sociais que tolhem a liberdade de desenvolvimento do homem, em nome da religião, de ideologias políticas e instituições governamentais.

* * *

REFLEXÃO

1   Segundo o Espiritismo, é possível a plena liberdade?
2   De acordo com a Doutrina Espírita, do que depende a liberdade?
3   Como deve ser exercitada a liberdade, na sociedade, pelo ser humano, de conformidade com os princípios da lei da liberdade d'O livro dos espíritos?
4   Quais são os possíveis impedimentos para o exercício da liberdade?
5   Se a sociedade exerce as mais diferentes formas de pressões: costumes, hábitos, propagandas, leis, como ter a liberdade?

Haverá no mundo posições em que o homem possa jactar-se de gozar de absoluta liberdade?

Não, porque todos precisais uns dos outros, assim os pequenos como os grandes (KARDEC, 2013a, q. 825, p. 371).

11
A JUSTIÇA, O AMOR E A CARIDADE NA FILOSOFIA ESPÍRITA

Como se pode definir a justiça?
A justiça consiste em cada um respeitar os direitos dos demais.

(KARDEC, 2013a, q. 875, p. 390.)

Qual o verdadeiro sentido da palavra caridade como a entendia Jesus?
Benevolência para com todos, indulgência para as imperfeições dos outros, perdão das ofensas.

(KARDEC, 2013a, q. 886, p. 393.)

N'*O livro dos espíritos* há a informação de que o sentimento da justiça está na natureza, pois o homem se revolta à simples ideia de uma injustiça.

O progresso moral desenvolve esse sentimento, mas ele existe em estado latente ou rudimentar nos seres humanos, dependendo do estágio evolutivo que já alcançaram. É por isso que, mesmo em pessoas simples e não intelectualizadas muitas vezes se encontram noções claras sobre a justiça.

Para o Espiritismo, justiça é *cada um respeitar os direitos dos demais*. Também para ele, duas coisas determinaram tais direitos: a lei humana e a Lei natural. Esclarece, no entanto, que as leis humanas são formuladas de conformidade com os costumes e caracteres de uma determinada época e sociedade, por isso são mutáveis. Essas leis regulam algumas relações sociais, ao passo que a Lei natural rege até mesmo o que ocorre no foro da consciência de cada um.

A Doutrina Espírita declara que a base da justiça, segundo a Lei natural, está consolidada na afirmação do Cristo: "Tudo quanto, pois, quereis que os homens vos façam, assim fazei-o vós também a eles; porque esta é a Lei e os profetas" (MATEUS, 7:12).

Ao ficar em dúvida quanto à maneira de agir para não ser injusto com seu próximo, o homem deve auscultar a própria consciência e indagá-la se gostaria que agissem com ele da mesma forma.

Para Allan Kardec, em todos os tempos e sob a orientação de todas as crenças, o homem sempre se esforçou a fim de que prevalecesse o seu direito pessoal. No entanto, a religião cristã tomou o direito pessoal por base do direito do próximo.

Portanto, o exercício da justiça não exige do homem a cultura jurídica ou a formação acadêmica; basta consultar sua consciência se o que ele deseja para os outros é o que desejaria para si mesmo. Aplicando tal postulado, facilmente se implantaria a justiça sobre a face da Terra e o amor seria o clima normal do relacionamento humano.

Por isso o espírita deve estar atento para a prática de tal preceito, como também colaborar para sua divulgação junto à sociedade em que vive, pelos meios que lhe sejam possíveis.

Vale ressaltar que o relacionamento social traz para o homem determinadas obrigações, sendo que uma das primeiras é a de respeitar os direitos de seus semelhantes. Quem respeita esses direitos procede com justiça. É justamente pela falta de justiça que há confusão e perturbação na sociedade humana.

Entre os direitos de que o ser humano dispõe destaca o Espiritismo que o primeiro de todos é o *direito de viver*. Isto está fundamentado na resposta à questão 880 d'*O livro dos espíritos*. "Por isso é que ninguém tem o direito de atentar contra a vida de seu semelhante, nem fazer o que quer que possa comprometer-lhe a existência corporal" (KARDEC, 2013a, p. 392).

Compreende-se que as afirmações "atentar contra a vida" e "comprometer-lhe a existência" são muito amplas, envolvendo tudo aquilo que seja prejudicial à vida humana física e espiritual. Toda ação que atente contra a vida não deve ser praticada pelo espírita, bem como a esse tipo de ação ele deverá se opor, onde observe sua manifestação.

Também o direito de propriedade tem uma influência muito grande na sociedade humana.

Procurando a correspondência entre o direito de viver e o direito de propriedade, o Espiritismo propõe que o homem tem o direito de acumular bens, mas deve fazê-lo em família, como abelha, por meio de um trabalho honesto. Deve-se atentar que acumular bens em família significa restringir bastante o sentido de propriedade, pois em família não se pode gerir grandes propriedades e muito menos impérios econômicos (KARDEC, 2013a, p. 392).

Consequentemente, a acumulação de bens não deve abarcar o supérfluo, nem ser produto da ação egoísta (exploração do próximo); e o trabalho, gerador dos bens, deve ser honesto.

Capítulo 11 – A justiça, o amor e a caridade na filosofia espírita

Afirma o Espiritismo que: "Propriedade legítima só é a que foi adquirida sem prejuízo de outrem" (KARDEC, 2013a, q. 884, p. 393). Em seu comentário, diz Allan Kardec: "Proibindo-nos que façamos aos outros o que não desejáramos que nos fizessem, a Lei do amor e da justiça nos proíbe, *ipso facto*, a aquisição de bens por quaisquer meios que lhe sejam contrários".

De outra parte, a Doutrina Espírita não acolhe como ilimitado o direito de propriedade. Submete esse direito à legitimidade e à justiça. Alega que a legislação humana é imperfeita e consagra muitos direitos convencionais que a lei natural de justiça reprova, por isso essa legislação está em constante modificação (KARDEC, 2013a, p. 393).

Com essa visão sobre o direito de propriedade, o espírita deve estar atento, a fim de que não seja injusto e egoísta no mundo em que vive.

Verdadeiro sentido da caridade

O Espiritismo nos diz que *o amor e a caridade completam a Lei da justiça*, pois quando amamos o próximo desejamos fazer-lhe todo o bem que nos seja possível, da mesma forma como gostaríamos que nos fosse feito. Sob tal enfoque, afirmou Jesus: "Amai-vos uns aos outros".

Segundo Jesus, a caridade não se restringe à esmola, ela abrange todo o relacionamento humano.

É de se ver a amplitude que, assim, assume a caridade, impondo para seu aparecimento o exercício da Lei de justiça.

Depreende-se, pois, que *sem justiça não há caridade*.

Na questão 888 d'*O livro dos espíritos* encontramos:

> Condenando-se a pedir esmola, o homem se degrada física e moralmente: embrutece-se. *Uma sociedade que se baseie na Lei de Deus e na justiça* deve prover à vida do *fraco*, sem que haja para ele humilhação. *Deve assegurar a existência dos que não podem trabalhar sem lhes deixar a vida à mercê do acaso e da boa vontade de alguns* (KARDEC, 2013a, p. 394, grifo no original e nosso).

Ressalta, assim, aos espíritas, a imperiosidade de trabalhar para que a sociedade se baseie cada vez mais na Lei de Deus e na justiça, a fim de que o direito à vida, à dignidade e ao respeito seja reconhecido a todos indistintamente.

É indispensável que, embasado nos princípios espíritas, se trabalhe para remover as causas geradoras da miséria, da ignorância e dos vícios.

Alertam os Espíritos que mesmo os que mendigam por própria culpa, poderiam não ter caído em excessos causadores de sua perdição se houvessem recebido uma boa educação moral.

* * *

REFLEXÃO

1. Segundo o Espiritismo, o sentimento de justiça é natural ou aprendido?
2. Como a Doutrina Espírita entende a Justiça?
3. Em que consiste a Justiça?
4. De que maneira o Espiritismo entende o direito de propriedade e o direito à vida?
5. Como entender, segundo a questão 886 d'O livro dos espíritos, o verdadeiro sentido da palavra caridade: "Benevolência para com todos, indulgência para as imperfeições dos outros, perdão das ofensas"?
6. Qual deve ser a forma de se proceder em uma sociedade que se baseie na Lei de Deus e na justiça, relativamente às pessoas que se encontram na mais extrema miséria?

Qual o primeiro de todos os direitos naturais do homem?

O de viver. Por isso é que ninguém tem o de atentar contra a vida de seu semelhante, nem de fazer o que quer que possa comprometer-lhe a existência corporal (KARDEC, 2013a, q. 880, p. 392).

12
O APRIMORAMENTO DO SER HUMANO NA ÉTICA ESPÍRITA

Poderia sempre o homem, pelos seus esforços, vencer as suas más inclinações?
Sim, e frequentemente fazendo esforços muito insignificantes. O que lhe falta é a vontade. Ah! Quão poucos dentre vós fazem esforços!

(KARDEC, 2013a, q. 909, p. 403.)

Sendo uma Doutrina evolucionista, o Espiritismo revela a necessidade de aprimoramento do homem como condição indispensável à sua própria felicidade. Esse aprimoramento tange tanto à parte intelectual quanto à moral.

Se o homem vem se desenvolvendo de forma admirável quanto à inteligência, o mesmo não está acontecendo quanto ao sentimento. Por isso, parece válido que se preocupe com os meios pelos quais o ser humano possa acelerar seu aprimoramento moral. Os empecilhos a essa marcha ascensional são os vícios.

Segundo o Espiritismo, o pior desses vícios é o egoísmo. Dele derivam todos os males, pois como base deles sempre se encontra o egoísmo. Portanto, é muito importante que se procure combatê-lo em suas causas, e a principal é a pessoa colocar-se como centro da vida, querendo que tudo o mais gire em torno dela.

O egoísmo expressando-se por uma pessoa, ou por grupos de pessoas, é o sentimento centralizador do interesse próprio em detrimento dos outros.

O egoísta coloca-se como centro da vida e do universo. As coisas e os seres devem estar em função dele. Seus interesses prevalecem sobre os demais. A pessoa egoísta não reconhece a igualdade, a justiça, a liberdade e o amor; para satisfazer-se não titubeia em tripudiar sobre o direito do próximo.

No entanto, o egoísmo não é um mal individual embora profundamente alicerçado no interesse pessoal.

Preocupado com seu enquistamento no ser humano, perquiriu Allan Kardec:

> *Fundando-se o egoísmo no sentimento do interesse pessoal, bem difícil parece extirpá-lo no coração humano. Chegar-se-á a consegui-lo?*
> À medida que os homens se instruem acerca das coisas espirituais, menos valor dão às coisas materiais. Depois, *necessário é que se reformem as instituições humanas que o entretêm e excitam. Isso depende da educação* (KARDEC, 2013a, q. 914, p. 404, grifo nosso).

A orientação é no sentido de que a compreensão da vida espiritual liberta o homem da escravidão às coisas materiais, isto é, elas deixam de ser um fim em si mesmas para se tornarem instrumentos do seu progresso espiritual. Por outro lado, denunciam a necessidade de se transformarem as instituições humanas que geram, motivam e estimulam o egoísmo.

O procedimento adequado a se intentar essa transformação é a educação no sentido amplo, ou seja, a conscientização e prática individual e coletiva dos princípios da justiça, da igualdade, da liberdade, do amor e da caridade.

Sobre as admiráveis consequências da superação da fase do egoísmo por parte dos homens, previram os Espíritos que eles viverão como irmãos, auxiliando-se reciprocamente expressando o sentimento de *solidariedade*. O forte será o amparo e não o opressor do fraco. Todos terão o necessário, pois praticarão a Lei da justiça (KARDEC, 2013a, q. 916, p. 405).

Visão do Futuro

Para que a humanidade atinja tal estágio, o Espiritismo oferece também sua contribuição.

Não há dúvida de que a visão futura apresentada constitui importante e sério desafio aos homens de boa vontade e, dentre estes, aos espíritas.

O desenvolvimento da solidariedade não permitirá a existência de oprimidos, pois ela traz implícita a prática da justiça.

Capítulo 12 – O aprimoramento do ser humano na ética espírita

O Espiritismo indica como meio de destruir o egoísmo a predominância dos valores morais sobre os interesses da vida material para o gozo individualista. No entanto, isso não é fácil, pois sua influência se prende à matéria, mais especificamente, ao instinto de conservação. Como o homem ainda está muito próximo de sua origem (animal), conforme a explicação evolutiva do Espiritismo, essa influência ainda é muito grande sobre ele. Decorrente do estágio evolutivo de parte da humanidade, as leis, a organização social, o próprio conteúdo dos programas educacionais ajudam a manter esse terrível sentimento.

É imperioso, pois, que se combata o egoísmo, indo às causas que o geram no homem e nas instituições.

Nessa linha de raciocínio, comenta Allan Kardec:

> Louváveis esforços indubitavelmente se empregam para fazer que a humanidade progrida. Os bons sentimentos são animados, estimulados e honrados mais do que em qualquer outra época. Entretanto, o egoísmo, verme roedor, continua a ser a chaga social. É um mal real, que se alastra por todo o mundo e do qual cada homem é mais ou menos vítima. Cumpre pois, combatê-lo, como se combate uma enfermidade epidêmica (KARDEC, 2013a, p. 406).

É evidente que nesse combate torna-se imperiosa a análise das "chagas da sociedade", ou seja, de órgãos, de instituições, organizações, sistemas econômicos e políticos que entretecem e excitam o organismo de forma individual ou coletiva.

Mais uma vez fica claro que o aprimoramento do ser humano não pode ser feito apenas com a autoeducação como processo de isolamento e não participação consciente dentro da sociedade.

Se há virtude no combate ao egoísmo, é preciso que esta não seja uma postura apenas de exterioridade revelando "aparências". Há virtude quando se consegue romper o egoísmo pelo *altruísmo*.

Não se confunda o "amor a si mesmo" com o egoísmo.

Aquele que ama a si mesmo tem zelo, cuidado, atenção e interesse por si mesmo; deseja o próprio crescimento espiritual, esforçando-se por desenvolver o amor e a sabedoria. Respeita o corpo físico como maravilhoso instrumento que Deus lhe concedeu para a vivência no plano físico a fim de colher experiências que lhe são necessárias. Quem ama a si mesmo tem melhores condições de amar o próximo.

Há uma diferença fundamental entre aquele que ama a si mesmo e o egoísta. Quem ama a si mesmo procura tudo o que é útil e bom para si, sem prejuízo do seu próximo; o egoísta coloca-se como o centro da vida e busca tudo para si mesmo em *detrimento dos direitos do próximo*.

* * *

REFLEXÃO

1. O que compete ao ser humano para promover o seu aprimoramento?
2. Por que o egoísmo e o orgulho impedem o aprimoramento da pessoa e da sociedade?
3. O que é necessário para diminuir o egoísmo na pessoa e na sociedade?
4. Para combater o egoísmo, é preciso identificar "as chagas da sociedade"; como fazer isso?
5. Qual a diferença entre o egoísmo e o amor a si mesmo?

> *À medida que os homens se instruem acerca das coisas espirituais, menos valor dão às coisas materiais. Depois, necessário é que se reformem as instituições humanas que o entretêm e excitam. Isso depende da educação* (KARDEC, 2013a, q. 914, p. 404).

13

A AÇÃO SOCIAL ESPÍRITA

Por que, no mundo, tão amiúde, a influência
dos maus sobrepuja a dos bons?

*Por fraqueza destes. Os maus são intrigantes e audaciosos, os
bons são tímidos. Quando estes o quiserem, preponderarão.*

(KARDEC, 2013a, q. 932, p. 417.)

Por todos os conceitos e princípios contidos n'*O livro dos espíritos*, até aqui analisados, observamos quanto essas ideias regeneradoras tocam a sociedade humana em sua estrutura, organização e funcionamento. Conceitos que em todas as circunstâncias e situações concretizam a aplicação da *verdade, da justiça e do amor.*

Há, pois, uma inequívoca contribuição política, sob o aspecto filosófico, que o Espiritismo oferece à sociedade humana, a fim de que ela se estruture, organize e funcione em termos de verdade, justiça e amor. Disseram os Espíritos:

> Quando, bem compreendido, se houver identificado com os costumes e as crenças, o Espiritismo transformará os hábitos, os usos, as relações sociais (KARDEC, 2013a, q. 917, p. 405).

Preocupado com a possível felicidade humana, Allan Kardec questionou:

> A felicidade terrestre é relativa à posição de cada um. O que basta para a felicidade de um, constitui a desgraça do outro. Haverá, contudo, alguma soma de felicidade comum a todos os homens? (KARDEC, 2013a, q. 922, p. 405).

A resposta dada pelos Espíritos, em sua primorosa síntese, encerra não só lúcido esclarecimento, como um grande desafio à efetiva participação dos espíritas para promoção da felicidade, ao afirmarem: "Com relação à vida material, é a *posse do necessário*. Com relação à vida moral, a *consciência tranquila e a fé no futuro*" (grifo nosso).

Ampliando esclarecimentos na questão 927 da mesma obra, adiantaram: "Verdadeiramente infeliz o homem só o é quando sofre a falta do necessário à vida e à saúde do corpo" (p. 415).

É de se entender, então, que o espírita tem uma ação social, pois deve estar atento à prática da justiça e do amor, a fim de que todos tenham a posse do necessário e a saúde do corpo, o que necessariamente implica em propugnar para que todos tenham alimentação adequada, vestuário, habitação, educação, assistência médica, remédio, educação sanitária e mesmo o lazer. Advertiram os Espíritos na questão 930 do livro em estudo: "Numa sociedade organizada segundo a lei do Cristo, ninguém deve morrer de fome". Adita Allan Kardec:

> Com uma organização social criteriosa e previdente, ao homem só por sua culpa pode faltar o necessário. Porém, suas próprias faltas são frequentemente resultado do meio onde se acha colocado. Quando praticar a Lei de Deus, terá uma ordem social fundada na justiça e na solidariedade e ele próprio também será melhor (p. 417).

N'*A gênese,* também de Allan Kardec, esclarece-nos o capítulo XVIII, itens 24 e 25:

> A nova geração marchará, pois, para a realização de todas as ideias humanitárias compatíveis com o grau de adiantamento a que houver chegado. Avançando para o mesmo alvo e realizando seus objetivos, o Espiritismo se encontrará com ela no mesmo terreno. Aos homens progressistas se deparará nas ideias espíritas poderosa alavanca e o Espiritismo achará, nos novos homens, Espíritos inteiramente dispostos a acolhê-lo. Dado esse estado de coisas, que poderão fazer os que entendam de se lhe opor?
>
> O Espiritismo não cria a *renovação social;* a madureza da humanidade é que fará dessa renovação uma necessidade. Pelo seu poder moralizador, por suas tendências progressistas, pela amplitude de suas vistas, pela generalidade das questões que abrange, o Espiritismo é *mais apto,* do que

qualquer outra Doutrina, a *secundar o movimento de regeneração*; por isso é ele contemporâneo desse movimento. Surgiu na hora em que podia ser de utilidade, visto que também para ele os tempos são chegados (KARDEC, 2013b, p. 368, grifo nosso).

Atuação dos bons

Portanto, o espírita deve estar atento na concretização da Doutrina Espírita na sociedade, apesar dos obstáculos e dificuldades semeados pelo egoísmo e pelo orgulho de pessoas e grupos.

No entanto, o próprio Espiritismo demonstra a possibilidade e a eficácia dessa ação, conforme preconiza o codificador:

> Digamos, antes de tudo, que os bons, na Terra, não são absolutamente tão raros como se julga; que os maus são numerosos é infelizmente verdade; o que, porém, os faz parecerem ainda mais numerosos é que têm mais audácia e sentem que essa audácia lhes é indispensável ao bom êxito. De tal modo, entretanto, compreendem a preponderância do bem, que, não podendo praticá-lo, com ele se mascaram.
>
> Os bons, ao contrário não fazem alarde das suas boas qualidades; não se põem em evidência, donde o parecerem tão pouco numerosos. Pesquisai, no entanto, os atos íntimos praticados sem ostentação e, em todas as camadas sociais, deparareis com criaturas de natureza boa e leal em número bastante a vos tranquilizar o coração, de maneira a não desesperardes da humanidade. Depois, cumpre também dizê-lo, entre os maus, muitos há que apenas o são por arrastamento e que se *tornariam bons,* desde que *submetidos* a uma *influência boa.* Admitamos que, em 100 indivíduos, haja 25 bons e 75 maus; destes últimos, 50 se contam que o são por fraqueza e que seriam bons se observassem bons exemplos e, sobretudo, se tivessem sido bem encaminhados desde a infância; dos 25 maus, nem todos serão incorrigíveis.

> No estado atual das coisas, os maus estão em maioria e ditam a lei aos bons. Suponhamos que uma circunstância qualquer opere a conversão de 50 por cento deles: os bons ficarão em maioria e a seu turno, ditarão a lei; dos 25 outros francamente maus, muitos sofrerão a influência daqueles, restando apenas alguns incorrigíveis sem preponderância" (KARDEC, 2005, p. 298-299, grifo nosso).

Constatamos, nesse trecho, a imperiosidade da participação dos bons na organização da sociedade em bases de justiça e de amor. Também está claro a importância da influência do "meio ambiente" sobre a maioria e como a melhoria da sociedade está ligada preponderantemente à ação social eficaz dos bons. Por íntima necessidade, o espírita a estes deverá estar ligado.

Porém, como arguto pensador, indagou Allan Kardec: "Por que, no mundo, tão amiúde, a influência dos maus sobrepuja a dos bons?". A resposta foi precisa e franca: "Por fraqueza destes. Os maus são intrigantes e audaciosos; *os bons são tímidos*. Quando estes o quiserem, preponderarão" (KARDEC, 2013a, q. 932, p. 417, grifo nosso). Juntamente com outros bons, *os espíritas devem querer exercer influências que sobrepujam a dos maus.*

Portanto, o espírita tem que participar e influenciar na sociedade em que vive, procurando levar às instituições que a estruturaram os valores e normas do Espiritismo. Isso é uma *participação política*. Não pode se preocupar apenas com sua reforma íntima, isolando-se em um "oásis de indiferentismo" pela sociedade em que vive. É verdade que essa ação política conflitará com os interesses dos egoístas e orgulhosos, individualmente ou em grupos.

Assim, essa ação política deve objetivar o bem comum. Aqueles que pretendem o bem não podem se omitir, e essa participação liga-se profundamente com a caridade, pois amar é querer o bem.

Destarte, a expressão política do amor é querer fazer o bem para todos.

A participação do espírita, inclusive do jovem, nos processos político, social, cultural e econômico deve ser consciente e responsável, tendo como diretriz os princípios e normas contidas n'*O livro dos espíritos*.

Capítulo 13 – A ação social espírita

Sabemos que é preciso agir contra o egoísmo e o orgulho que se instalam em pessoas e grupos e se constituem nas raízes dos males que, eticamente, ainda afligem a humanidade.

Esclarecia Allan Kardec:

> Será possível a destruição do orgulho e do egoísmo? Responderemos alto e terminantemente: SIM. Do contrário, forçoso seria determinar um ponto de parada ao progresso da humanidade. Que o homem cresce em inteligência, é fato incontestável; terá ele chegado ao ponto culminante, além do qual não possa ir? Quem ousaria sustentar tão absurda tese? Progride ele em moralidade? Para responder a essa questão, basta que se comparem as épocas de um mesmo país. Por que teria ele atingido o limite do progresso moral e não o do progresso intelectual? Sua aspiração por uma melhor ordem das coisas é indício da possibilidade de alcançá-la. Aos que *são progressistas cabe acelerar esse movimento por meio do estudo e da utilização* dos meios mais eficazes (KARDEC, 2005, p. 292, grifo nosso).

* * *

REFLEXÃO

1   Qual a contribuição política, sob o aspecto filosófico, que o Espiritismo oferece à sociedade?
2   De acordo com os princípios espíritas, como deve se organizar uma sociedade onde ninguém morra de fome?
3   Como o Espiritismo se encontrará com as pessoas progressistas?
4   Compete ao Espiritismo criar a renovação social? Como ele poderá contribuir?
5   De que maneira os espíritas e as pessoas boas deverão atuar para a melhoria da sociedade?
6   Segundo a questão 932 d'*O livro dos espíritos*, *o que impede os bons de se sobreporem aos maus?*

> *No estado atual das coisas, os maus estão em maioria e ditam a lei aos bons. Suponhamos que uma circunstância qualquer opere a conversão de 50 por cento deles: [...] dos 25 outros francamente maus, muitos sofrerão a influência daqueles, restando apenas alguns incorrigíveis sem preponderância* (KARDEC, 2005, p. 298-299).

14
Participação política do espírita

[...] Sirva de base às instituições sociais, às relações legais de povo a povo e de homem a homem o princípio da caridade e da fraternidade e cada um pensará menos na sua pessoa, assim veja que outros nela pensaram. Todos experimentarão a influência moralizadora do exemplo e do contato.

(KARDEC, 2013a, q. 917, p. 405-406.)

Dessa análise sintética dos princípios e fundamentos do Espiritismo, com base n'*O livro dos espíritos*, e suas correlações com a Filosofia, Sociologia e Política e a visão de que o homem no mundo é "um ser social e consequentemente político", concluímos:

COMO O ESPÍRITA NÃO DEVE ATUAR NA POLÍTICA:

1 Levar a política partidária para dentro do centro, das entidades ou do Movimento Espírita;

2 Utilizar-se de médiuns e dirigentes espíritas para apoiar candidatos, ligados a algum partido político, a cargos eletivos dos Poderes Executivo e Legislativo;

3 Buscar votos para políticos que, às vezes, dão alguma "verbinha" para asilos, creches e hospitais, mas cuja conduta política não se afina com os princípios éticos ou morais do Espiritismo;

4 Apoiar políticos que se dizem espíritas ou cristãos, mas aprovam as injustiças, as barganhas, a "politicagem" (usar a política partidária para interesses pessoais ou de grupos a que se ligam);

5 Participar da política partidária apenas por interesse pessoal, para melhorar a sua vida e de sua família, divorciando-se em sua militância político-partidária dos princípios e normas da Filosofia Espírita.

COMO O ESPÍRITA DEVE ATUAR NA POLÍTICA:

1 O espírita deve estudar e reflexionar sobre os princípios filosóficos e suas consequências religiosas e políticas no Centro Espírita, pois eles estão contidos n'*O livro dos espíritos*, Parte Terceira, *Das leis morais*;

2 Mediante a análise, o estudo e a reflexão das normas e princípios referidos, o espírita deve identificar o egoísmo, o orgulho e a injustiça nas instituições humanas, revelando-as e agindo para que elas desapareçam da sociedade humana;

3 Confrontar os fundamentos morais e objetivos do Espiritismo com os fundamentos morais e objetivos dos partidos políticos, verificando de forma coerente qual ou quais deve apoiar e até mesmo participar como membro atuante, se tiver vocação para tal;

4 Participar de organizações e movimentos que propugnem pela justiça, pelo amor, pelo progresso intelectual, moral e físico das pessoas e aprimoramento da sociedade. Exemplo: clubes de serviços, sindicatos, associações de classes, diretórios acadêmicos, movimentos de respeito e defesa dos direitos humanos, ONGs, etc.;

5 *Fazer do voto um elevado testemunho de amor ao próximo.*

Considerando que a sociedade, nos sistemas democráticos, é *dirigida* por políticos que saem das agremiações partidárias para comporem os Poderes Legislativo e Executivo e que suas ações podem ajudar ou atrasar a evolução intelecto-moral da humanidade, o voto consciente é uma forma de exprimir o amor ao próximo e à coletividade.

Deve, pois, analisar se a conduta do candidato político-partidário tem maior ou menor relação com os princípios morais e políticos (aspecto filosófico) do Espiritismo;

6 Participar de agremiação partidária, se assim o desejar, sabendo, no entanto, da responsabilidade que assume nesse campo, já que sua militância deve sempre estar voltada para o interesse do ser humano, em seus aspectos social e espiritual. Para isso, sua ação política deverá estar em harmonia com os valores éticos (morais) do Espiritismo que, em última análise, são fundamentalmente os mesmos do Cristianismo;

7 Participar conscientemente da ação política na sociedade, sem relegar o estudo e a reflexão do Espiritismo a plano secundário. Pelo contrário, o estudo e a reflexão dos temas espíritas deverão levá-lo a permanente participação, objetivando a aplicação concreta do amor e da justiça ao ser humano, seja individual ou coletivamente.

* * *

REFLEXÃO

1. *A política partidária é importante para o regime democrático?*
2. *O espírita deve ter "consciência política" para, como cidadão, atuar na sociedade visando o seu aprimoramento?*
3. *Os conceitos espíritas esclarecem e orientam a pessoa para a participação consciente como cidadão?*
4. *Você está consciente, como membro da sociedade, da sua condição de "ser político"?*
5. *Você está consciente da sua capacidade de amar a coletividade por meio do exercício do ato responsável de "votar"?*

> *Participar conscientemente da ação política na sociedade, sem relegar o estudo e a reflexão do Espiritismo a plano secundário. Pelo contrário, o estudo e a reflexão dos temas espíritas deverão levá-lo a permanente participação, objetivando a aplicação concreta do amor e da justiça ao ser humano, seja individual ou coletivamente.*

15
Paradigma para o exercício da cidadania

CARACTERES DO HOMEM DE BEM

Na questão 918 d'*O livro dos espíritos*, Allan Kardec indagou dos mentores espirituais: "Por que indícios se pode reconhecer em um homem o progresso real que lhe elevará o Espírito na hierarquia espiritual?".

E eles responderam: "O Espírito prova a sua elevação, quando todos os atos de sua vida corporal representam a prática da Lei de Deus e quando antecipadamente compreende a vida espiritual" (2013a, p. 407).

Em seguida, Allan Kardec comenta:

> Verdadeiramente, homem de bem é o que pratica a Lei de justiça, amor e caridade, na sua maior pureza. Se interrogar a própria consciência sobre os atos que praticou, perguntará se não transgrediu essa Lei, se não fez o mal, se fez todo bem que podia, se ninguém tem motivos para dele se queixar, enfim se fez aos outros o que desejara que lhe fizessem.
>
> Possuído do sentimento de caridade e de amor ao próximo, faz o bem pelo bem, sem contar com qualquer retribuição, e sacrifica seus interesses à justiça.
>
> É bondoso, humanitário e benevolente para com todos, porque vê irmãos em todos os homens, sem distinção de raças, nem de crenças.
>
> Se Deus lhe outorgou o poder e a riqueza, considera essas coisas como UM DEPÓSITO, de que lhe cumpre usar para o bem. Delas não se envaidece, por saber que Deus, que lhas deu, também lhas pode retirar.
>
> Se sob a sua dependência a ordem social colocou outros homens, trata-os com bondade e complacência, porque são seus iguais perante Deus. Usa da sua autoridade para lhes levantar o moral e não os esmagar com o seu orgulho.
>
> É indulgente para com as fraquezas alheias, porque sabe que também precisa da indulgência dos outros e se lembra destas palavras do Cristo: *Atire a primeira pedra aquele que estiver sem pecado.*

> Não é vingativo. A exemplo de Jesus, perdoa as ofensas, para só se lembrar dos benefícios, pois não ignora que, *como houver perdoado, assim perdoado lhe será.*
>
> *Respeita, enfim, em seus semelhantes, todos os direitos que as Leis da natureza lhe concedem, como quer que os mesmos direitos lhe sejam respeitados* (grifos do original e destaque nosso).

Encontramos nesse texto a orientação precisa para que a pessoa exerça, com atos, a sua amorosa e justa cidadania.

Assim, também, esse é o paradigma para o espírita, como ser político e em suas práticas como cidadão.

E nessa prática é importante lembrar a resposta dada pelos mentores espirituais à questão 930 d'*O livro dos espíritos*: "Numa sociedade organizada segundo a lei do Cristo ninguém deve morrer de fome."

Na sequência esclarece Allan Kardec:

> Com uma organização social criteriosa e previdente, ao homem só por culpa sua pode faltar o necessário. Porém, suas próprias faltas são frequentemente resultado do meio onde se acha colocado. *Quando praticar a Lei de Deus, terá uma ordem social fundada na justiça e na solidariedade e ele próprio também será melhor* (2013a, p. 416, grifo nosso).

São chegados os tempos — Período de transição

Já em sua época, analisando a necessidade das transformações morais e consequentemente as sociais, com a participação das pessoas e dos Espíritos, antevia Allan Kardec:

> Essa fase já se revela por sinais inequívocos, *por tentativas de reformas úteis, que começam a encontrar eco.* Assim é que vemos fundar-se uma imensidade de instituições protetoras, civilizadoras e emancipadoras, sob o influxo e por iniciativa de homens evidentemente predestinados à obra da regeneração; que as leis penais se vão apresentando dia a dia

impregnadas de sentimentos mais humanos. Enfraquecem-se os preconceitos de raça, os povos entram a considerar-se membros de uma grande família; pela uniformidade e facilidade dos meios de realizarem suas transações, eles suprimem as barreiras que os separavam e de todos os pontos do mundo reúnem-se em comícios universais, para as justas pacíficas da inteligência (KARDEC, 2013b, cap. XVIII, it. 21, p. 367).

Referências

CONSTITUIÇÃO DA REPÚBLICA FEDERATIVA DO BRASIL, de 05/10/88. Título II – Dos direitos e Garantias Fundamentais, cap. I – Dos Direitos e Deveres Individuais e Coletivos: Art. 5.

FERREIRA, Aurélio Buarque de Holanda. *Novo dicionário da língua portuguesa*. 5. ed. Rio de Janeiro: Positivo, 2010.

KARDEC, Allan. *O livro dos espíritos*. Tradução de Guillon Ribeiro. 93. ed. Brasília: FEB, 2013a.

_____. *A gênese*. Tradução de Guillon Ribeiro. 53. ed. Brasília: FEB, 2013b.

_____. *Obras póstumas*. Tradução de Guillon Ribeiro. 1. ed. esp. Rio de Janeiro: FEB, 2005.

O que é Espiritismo?

O ESPIRITISMO É O CONJUNTO DE PRINCÍPIOS E LEIS revelados por Espíritos superiores ao educador francês Allan Kardec, que compilou o material em cinco obras que ficariam conhecidas posteriormente como a Codificação: O livro dos espíritos, O livro dos médiuns, O evangelho segundo o espiritismo, O céu e o inferno e A gênese.

Como uma nova ciência, o Espiritismo veio apresentar à humanidade, com provas indiscutíveis, a existência e a natureza do mundo espiritual, além de suas relações com o mundo físico. A partir dessas evidências, o mundo espiritual deixa de ser algo sobrenatural e passa a ser considerado inesgotável força da natureza, fonte viva de inúmeros fenômenos até hoje incompreendidos e, por esse motivo, são tidos como fantasiosos e extraordinários.

Jesus Cristo ressaltou a relação entre homem e Espírito por várias vezes durante sua jornada na Terra, e talvez alguns de seus ensinamentos pareçam incompreensíveis ou sejam erroneamente interpretados por essa associação. O Espiritismo surge então como uma chave, que esclarece e explica as palavras do Mestre.

A Doutrina Espírita revela novos e profundos conceitos sobre Deus, o universo, a humanidade, os Espíritos e as leis que regem a vida. Ela merece ser estudada, analisada e praticada todos os dias de nossa existência, pois o seu valioso conteúdo servirá de grande impulso à nossa evolução.

Conselho Editorial:
Antonio Cesar Perri de Carvalho – Presidente

Coordenação Editorial:
Geraldo Campetti Sobrinho

Produção Editorial:
Rosiane Dias Rodrigues

Revisão:
Elizabete de Jesus Moreira
Jorge Leite

Capa:
Thiago Pereira Campos

Projeto gráfico e Diagramação:
Rones José Silvano de Lima – www.bookebooks.com.br

Foto de capa:
www.istockphoto.com/duncan1890

Normalização Técnica:
Biblioteca de Obras Raras e Documentos Patrimoniais do Livro

Esta edição foi impressa pela Lis Gráfica e Editora Ltda., Bonsucesso, SP, com tiragem de 5 mil exemplares, todos em formato fechado de 160x230 mm e com mancha de 120x180 mm. Os papéis utilizados foram Lux Cream 70 g/m² para o miolo e o cartão Supremo 300 g/m² para a capa. O texto principal foi composto em fonte Adobe Garamond 12/15 e os títulos em Minion Pro 20/24. Impresso no Brasil. *Presita en Brazilo.*